Philaster

ou

l'amour qui saigne.

Georges Eekhoud.

———

PHILASTER

OU

L'AMOUR QUI SAIGNE

(LOVE IS A BLEEDING)

Tragédie en cinq actes

de

Francis BEAUMONT et John FLETCHER

———

BRUXELLES

EN VENTE AUX BUREAUX DU « COQ ROUGE »

6, rue Montagne-aux-Herbes-potagères

—

1895

DU MÊME AUTEUR :

Kees Doorik.

Kermesses.

Les Milices de saint François.

Nouvelles Kermesses.

La Nouvelle Carthage.

Les Fusillés de Malines.

Au Siècle de Shakespeare.

Cycle patibulaire.

Mes Communions.

EN PRÉPARATION :

Le Comte de la Digue.

La Pléiade shakespearienne :

    I. Christophe Marlowe.

    II. Ben Jonson.

    III. Francis Beaumont et John Fletcher.

    IV. John Webster.

    V. Philippe Massinger.

    VI. John Ford.

    VII. William Shakespeare.

Quinze ans de littérature en Belgique (1880-1895).

PERSONNAGES

Bellario (Euphrasie).
Philaster.
Aréthuse.
Le Roi.
Pharamond.
Mégra.
Galathéa.
Dion
Cleremont } Partisans de Philaster.
Thrasiline
Une Suivante.
Seigneurs.
Soldats.
Citadins.
Paysans.
Bucherons.

*La scène se passe à Messine et dans une forêt
des environs.*

Acte premier.

SCÈNE Ire

Messine. — La salle du trône au palais royal.

Dion, Cleremont, Thrasiline.

CLEREMONT

Comment, personne encore? Ni seigneurs ni dames.

DION

Vous m'en voyez surpris le tout premier. Tous ont cependant été convoqués ici... De plus, pour donner plus de solennité et de retentissement à la cérémonie, les officiers ont reçu ordre d'introduire quiconque se présentera.

CLEREMONT

A quelle occasion ces grandes assises ?

DION

La chose est claire. Pour faire honneur au prince des Espagnes qui vient demander en mariage notre princesse héritière de ce royaume, et qui sera, par cette alliance, notre futur roi.

THRASILINE

Beaucoup, qui sont au courant, prétendent que la princesse est loin d'aimer celui qu'on lui destine.

DION

Des racontars ! De vains propos de la foule qui confond ses désirs avec des réalités. Croyez-moi, le prince est édifié sur les sentiments de sa fiancée. Il n'aurait jamais poursuivi son voyage s'il n'avait été certain d'être agréé.

CLEREMONT

En épousant la princesse, il épouse donc aussi la Sicile et la Calabre.

DION

Mais il lui sera difficile de jouir paisiblement de ces possessions. N'oubliez pas que l'héritier légitime vit encore et d'une vie si vertueuse que le peuple admire sa noblesse d'âme et déplore l'injustice qui lui est faite.

CLEREMONT

Vous parlez de Philaster.

DION

De lui-même. Son père fut injustement dépossédé du trône. Je serais prêt à combattre pour le fils comme je servis la cause du père !

CLEREMONT

Excusez mon ignorance des choses de la politique. Mais comment tolère-t-il que le prétendant aille et vienne en liberté ?

DION

Ah ! Un jour il s'avisa de faire emprisonner Philaster, mais une telle révolte s'empara du populaire, que l'usurpateur, tremblant pour son trône, dut remettre le jeune prince en liberté ; et les insurgés ne consentirent à se disperser et à déposer les armes, que lorsque leur favori fût monté à cheval pour parcourir sain et sauf les rues de la ville.

(*Entrent* GALATHÉA *et* MÉGRA.)

THRASILINE

Ah ! voici les dames. Quelle est celle qui marche devant ?

DION

Une sage et honnête dame de la maison de la princesse.

CLEREMONT

La seconde ?

DION

Une mijaurée capable de sauvegarder les apparences et de cueillir en cachette tous les plaisirs défendus

> (*Entrent le* ROI, PHARAMOND, ARÉTHUSE *et leur suite.*)

LE ROI (à *Pharamond*).

Afin de vous témoigner ma profonde affection autrement que par de stériles promesses, nous vous avons mandé ici, noble prince, pour vous présenter à mes sujets comme le fiancé de ma fille et l'héritier de mes royaumes. D'ici à un mois vous serez mon gendre et mon successeur.

THRASILINE

Cela ne se fera pas.

CLEREMONT

Ce serait une iniquité.

DION

Le mariage ne nous importe. Mais comment tolérer qu'un si digne prince soit victime de cette spoliation !

PHARAMOND

Roi, mon auguste père, je vous remercie et vous félicite de votre choix. Je baise vos blanches mains, princesse ; désormais vous commanderez à un homme unique parmi les hommes, à celui pour qui des reines se moururent d'amour. Et quant à mes futurs sujets, je leur promets un souverain digne des meilleurs et des plus grands qui ont illustré ce royaume.

THRASILINE

Le fat !

DION

Ce discours avantageux suffirait pour révéler sa qualité d'Espagnol. Mais voilà quelqu'un pour lui répondre.

(Entre PHILASTER *qui s'avance vers le* ROI *(mouvement) et fléchit le genou.)*

PHILASTER

Sire, le cœur respectueux et loyal, je vous supplie de m'accorder une faveur...

LE ROI

Relevez-vous; cette faveur vous est accordée.

DION

Regardez comme le roi pâlit...

LE ROI

Parlez; que voulez-vous de nous ?...

PHILASTER

Puis-je parler en toute liberté?

LE ROI

Vous le pouvez.

DION

A présent cela chauffe...

PHILASTER

Alors je m'adresse à vous, prince; à vous l'étranger et vous m'écouterez jusqu'au bout. Cette terre que vous foulez et dont vous vous flattez de jouir comme de la dot de cette aimable princesse, appartenait à feu mon père (que sa sainte mémoire soit bénie!) et tant que je lui survivrai, tant qu'autour de mon être et de mon épée veilleront quelques amis armés comme moi, tant que j'aurai pour protecteurs les âmes de mes ancêtres, la justice même des dieux, je ne te céderai pas un pouce de ce territoire. Sache, Pharamond, que tu ne seras roi que lorsqu'on m'aura couché dans le tombeau. Et même alors, avant de subir pareille honte, ce sol gras, ce pays fertilisé par les sueurs et le sang des amis de mon père se fendrait pour engloutir dans ses entrailles, comme dans une tombe cachée, toi et tous ceux de ta nation ! Prince, il en sera ainsi...

PHARAMOND

Il est fou, fou au dernier degré.

DION

Ah, voilà un gaillard qui a du sang dans les veines ; à côté de lui l'étranger paraît un arracheur de dents.

PHILASTER

Monsieur le prince des freluquets, quelqu'un vous prouvera qu'il n'est pas fou...

LE ROI

Philaster, vous montrez vraiment trop d'audace.

PHILASTER

Non, sire, je suis au contraire trop endurant.

Une tourterelle, tout ce qu'il y a de plus inoffensif, un être dénué de toute colère, une ombre fugitive que le moindre nuage bourru suffit pour anéantir et noyer...

LE ROI

Je ne m'explique pas cette incartade. Qu'on appelle un médecin. Pour sûr il a perdu la raison.

THRASILINE

Loin de là.

DION

Le tyran l'a déjà purgé de tous ses droits ; il ne lui reste plus qu'à le saigner ! Serrons-nous autour de lui, seigneurs. C'est le moment.

CLEREMONT

Silence. Nos âmes n'en forment qu'une, tout entière à sa cause.

LE ROI

Philaster, approchez-vous de moi et faites-moi part de vos griefs. (*Ils s'écartent des autres.*) Quoi, tu me braves encore ! Cesse de me dévisager ainsi, ou par ma couronne...

PHILASTER

Mais je suis déjà mort, seigneur; vous êtes mon destin. Ce n'est pas moi, sire, qui me plaignis jamais de mon sort; ce sont mes étoiles de malheur qui parlent par ma bouche, ce sont mes augures qui osent dire ici, devant une assemblée si imposante, (encore une fois ce n'est pas ma personne en chair et en os), que je ne porte pas précisément ce prince dans mon cœur ou que je refuse de rendre hommage à ses prétendues vertus.

LE ROI

Pour sûr il est possédé.

PHILASTER

Oui, par l'esprit de mon père. L'aperçois-tu, ô roi! Oh! c'est un esprit dangereux. Sais-tu ce qu'il ose me raconter, ô roi: que j'étais un fils de roi et que par conséquent je devrais être roi moi-même; il s'efforce de me persuader que tous ceux qui nous entourent sont mes propres sujets. C'est étrange, n'est-ce pas, qu'il ne veuille me laisser dormir, mais qu'il hante sans cesse mon imagination pour me montrer des ombres agenouillées devant moi et qui me rendent les honneurs royaux, en me proclamant leur roi... Aussi je le supprimerai, vrai; c'est un esprit factieux qui pourrait me perdre... Noble sire, votre main; je suis bien votre serviteur.

LE ROI

Va-t'en; je n'aime point ces facéties; par ma
couronne, je te dompterai ou tu y laisseras le corps
et l'âme. Pour cette fois je te pardonne ces discours
téméraires... mais prends garde à toi!

> (*Le* Roi *se retire avec* Pharamond, Aréthuse,
> Galathéa *et* Mégra.)

PHILASTER (*après quelques moments de songerie, remar-
quant ses trois amis qui l'observent, respectueux et
attendris*).

Messieurs, vous n'avez pas de requête à
m'adresser, je présume? Je ne suis pas un favori
et vous semblez pourtant vouloir me faire la cour...

DION

Seigneur, nous savons ce que vous êtes et qui
vous êtes, nous connaissons vos griefs et vos
malheurs. Ne vous découragez pas, seigneur. Pour
l'amour de votre père nous sommes aussi vos amis.
Nos prières et nos supplications rallieront les dieux
à votre cause et le peuple, soulevé à votre voix, vous
remettra sur le trône.

PHILASTER

Amis, pas un mot de plus, si vous m'en croyez.
Le moment n'est pas encore venu de réaliser notre
espérance secrète. — (*Rêveur.*) Seigneur Dion, vous

aviez autrefois une fille, une enfant vertueuse entre toutes; vit-elle encore?

DION

Hélas, seigneur, pour obtenir la guérison d'une secrète peine d'amour, elle entreprit un lointain pèlerinage... Et voilà près d'un an que j'attends son retour et qu'elle ne m'a plus donné de ses nouvelles...

(Entre une Dame d'honneur.)

PHILASTER

Est-ce à moi ou à quelqu'un de ces messieurs que vous êtes adressée?...

LA DAME

A vous-même, noble seigneur. La princesse réclame instamment votre présence.

PHILASTER

La princesse me fait appeler! Vous vous trompez sans doute.

LA DAME

Je ne me trompe pas si vous vous nommez Philaster.

PHILASTER

Alors, dites lui que je baise ses belles mains
par vos lèvres et que je vous suis à l'instant même.

(La Dame se retire.)

DION

Savez-vous ce que vous allez faire?

PHILASTER

Parbleu, je vais voir une femme.

CLEREMONT

Mais avez-vous pesé le danger qui vous guette?

PHILASTER

Du danger dans un doux visage? Par Jupiter, je
ne suis pas homme à redouter semblable péril!

THRASILINE

Mais êtes-vous sûr que ce soit la princesse qui
vous ait appelé?... Ne chercherait-on pas à vous
entraîner dans un guet-apens?

PHILASTER

Je ne le crois pas, messieurs. Elle est trop noble
pour cela; je le jure, quoique je vienne de la voir

pour la première fois... Il me serait doux de mourir
foudroyé par ses yeux et de perdre mon âme sur
sa bouche... Quoi qu'il arrive, son nom seul est
une égide...

(PHILASTER se retire.)

DION

Va ; puisses-tu être aussi heureux que brave. Et
nous, messieurs, avertissons nos amis de ce qui
vient de se passer en prévision de quelque scéléra-
tesse tramée par le roi et le prince espagnol.

SCÈNE II

L'appartement d'ARÉTHUSE.

Aréthuse, la Suivante.

ARÉTHUSE

Ne vient-il pas?

LA SUIVANTE

Madame?...

ARÉTHUSE

Philaster, viendra-t-il?

LA SUIVANTE

Vous n'avez donc pas voulu me croire, chère maîtresse, quand je vous ai annoncé son approche...

ARÉTHUSE

Vrai, alors il t'a promis de venir. Pardonne-moi ma distraction, mais mon pauvre esprit de femme est tellement troublé par la crainte des malheurs qu'entraînera mon mariage, que je perds parfois la notion de ce qu'on me dit... Et quel air avait-il en te parlant?

LA SUIVANTE

Mais il avait bonne mine...

ARÉTHUSE

Ne t'a-t-il pas semblé un peu craintif?

LA SUIVANTE

Craintif, madame; certes, il ignore ce qu'est la crainte!

ARÉTHUSE

Bon, encore une qu'il a ensorcelée. A la cour c'est à qui se confondra en louanges de ce personnage. On me néglige même pour lui et le bien que je fais ne me rapporte pas plus de sympathie et de profit que de l'or que je jetterais dans la mer. C'est égal, je sais qu'il aura peur.

LA SUIVANTE

Peur ! Madame, ses regards, me sembla-t-il, révélaient plus d'amour que de peur !

ARÉTHUSE

D'amour pour qui? Pour toi? Lui as-tu répété les mots que je t'avais dit, avec un tel accent et un tel regard que tu lui as tourné la tête?

LA SUIVANTE

Je voulais dire d'amour pour vous, madame.

ARÉTHUSE

D'amour pour moi ! Hélas, ton ignorance t'empêche de voir l'antagonisme de nos berceaux. La nature, qui n'admet pas qu'on l'interroge sur le but de ses œuvres, mais qui en agit toujours à sa guise et prodigue les anomalies et les contrastes, n'a jamais jeté sur la terre deux êtres aussi opposés l'un à l'autre, si peu faits pour se rencontrer, que lui et moi. A telle enseigne que si une palette de sang tirée de ce bras, le mien, devait t'empoisonner, une gorgée du sien suffirait pour te guérir. D'amour pour moi !

LA SUIVANTE

Madame, je crois l'entendre.

ARÉTHUSE

Fais-le entrer. O vous, maîtres des cieux, qui n'avez pas voulu qu'on résistât à vos décrets; vous, dont la sagesse divine a décidé de faire de la passion d'une faible jeune fille la voie de votre justice, j'obéis...

(*Entre* Philaster.)

LA SUIVANTE

Voici monseigneur Philaster...

ARÉTHUSE

Ah! Fort bien! Retire-toi...

(*La* Suivante *se retire.*)

PHILASTER

Madame, votre messagère m'a fait croire que vous désiriez me parler...

ARÉTHUSE

En effet, Philaster... Mais les paroles que j'aurais à vous dire sont d'une telle nature, elles conviennent si peu à la bouche d'une femme, que

je voudrais déjà vous les avoir dites et que j'hésite
à les prononcer... Avez-vous jamais appris que j'aie
tenté de diminuer vos mérites? Vous ai-je fait du
tort en personne? Ou ai-je employé des créatures
complaisantes à répandre de la boue sur vos
vertus?

PHILASTER

Jamais, madame, jamais.

ARÉTHUSE

S'il en est ainsi, pourquoi avez-vous, en une
assemblée aussi solennelle que celle de tout à
l'heure, suscité pareil scandale et injurié une
princesse en contestant ses droits à son héritage?

PHILASTER

Madame, ce que je vais dire vous paraîtra
insensé; mais pour l'amour de votre personne si
belle et si vertueuse je serais prêt à renoncer à
toute chose que vous désireriez.

ARÉTHUSE

Alors, sache, Philaster, que je veux jouir de ce
royaume. J'y tiens autant qu'à la vie et je mourrais
avant d'y renoncer.

PHILASTER

Dieu sait que rien ne me coûterait pour sauver une existence si précieuse. Toutefois, songez, de votre côté, madame, au blâme que m'infligerait la postérité pour avoir sacrifié mon sceptre et ma couronne au caprice d'une femme.

ARÉTHUSE

Non, écoute-moi; j'exige même davantage.

PHILASTER

Quoi, encore?

ARÉTHUSE

Détourne ton visage...

PHILASTER

Jamais.

ARÉTHUSE .

Je t'en conjure...

PHILASTER

Je n'en ferai rien. Détourner mon visage? Moi, qu'aucun regard ennemi, si terrible et si effroyable qu'il fût, n'a fait trembler, je me mettrais à craindre de tendres accents? La voix aimée d'une femme? Dites plutôt que vous voulez ma vie. Je vous l'abandonne volontiers. Elle m'est si peu de chose et elle compte si peu à vos yeux, que je n'attends que votre commandement pour m'en dépouiller. Parlez!

ARÉTHUSE

Détourne légèrement tes regards de moi.

PHILASTER

Soit. J'y consens.

ARÉTHUSE

Alors, apprends qu'il me faut ton royaume et ta personne.

PHILASTER

Et ma personne?

ARÉTHUSE

Ton amour, sans lequel tous les royaumes déjà créés, la terre entière ne me semblerait qu'un tombeau.

PHILASTER

Est-il possible?

ARÉTHUSE

Oui, l'univers entier me semblerait à peine une dot digne de toi. Et à présent, dût ton souffle me foudroyer, j'ai dit, je t'ai ouvert mon cœur.

PHILASTER

Moi causer votre mort, moi qui vous aime au-dessus de tout ce qui respire ! Comment, indigne, ai-je pu vous inspirer une telle passion ?

ARÉTHUSE

Une nouvelle âme communiquée à mon corps n'eût pu le remplir d'une ardeur pareille à la vertu de ton seul aspect. Mais ne perds pas de temps à te demander comment se déclara mon amour. Ce sont les dieux, les dieux mêmes qui m'ont exaltée à ce point ; et notre amour sera d'autant plus noble et plus béni, que la justice mystérieuse du ciel en a fait son allié. Un baiser, avant de nous séparer ; vite un baiser, de crainte que survienne un importun qui nous détache l'un de l'autre avant ce baiser de fiançailles.

PHILASTER

Oui... Ah, ne pouvoir demeurer ici. Mais mieux vaut partir...

ARÉTHUSE

Il sera même dangereux de nous voir souvent.
Comment, exposés à l'espionnage des médisants et
au courroux de mon père, pourrons-nous corres-
pondre pour entretenir notre pur et fidèle amour ?

PHILASTER

Un page est attaché à ma personne, choisi, faut-il
croire, par nos anges gardiens, pour nous servir de
gracieux intermédiaire. Nul à la cour ne l'a encore
vu. Etant à la chasse, un jour je le rencontrai au
bord d'une fontaine ; il y puisait un peu d'eau pour
étancher sa soif, et la lui rendait en larmes. Une
guirlande était auprès de lui, faite par ses mains,
de maintes fleurs diverses, nourries sur la rive,
arrangées en ordre mystique, tellement que la rareté
m'en charma. Mais quand il tournait ses yeux
tendres vers elles, il pleurait comme s'il eût voulu
les faire revivre. Voyant sur son visage cette charmante innocence, je demandai au cher pauvret
toute son histoire. Il me dit que ses parents, de
bons parents, étaient morts, le laissant à la merci
des champs, qui lui donnaient des racines, des fontaines cristallines, qui ne lui refusaient pas leurs
eaux, et du doux soleil qui lui accordait encore sa
lumière. Puis il prit la guirlande et me montra ce
que chaque fleur, dans l'usage des gens de la cam-
pagne, signifie, et comment toutes, rangées de la

sorte, exprimaient sa peine. Je le pris et j'ai gagné ainsi le plus fidèle, le plus aimant, le plus gentil enfant qu'un maître ait jamais eu ! C'est lui que je vous enverrai, pour vous servir, et pour servir de messager à nos amours secrètes.

(Entre une Suivante.)

ARÉTHUSE

Il me tarde de voir ce rare serviteur. — Vous encore ; qu'on nous laisse.

LA SUIVANTE

Madame, c'est le prince qui vient vous présenter ses hommages.

ARÉTHUSE

Le prince ! Philaster, à quoi nous résoudre ?

PHILASTER

Mais à ce que les dieux ont résolu pour nous.

ARÉTHUSE

O mon aimé, cache-toi... Faites entrer le prince...

PHILASTER

Me cacher à Pharamond ! La foudre même ne me fait pas trembler. Et ce prince étranger pour-

rait se vanter auprès de ses sujets d'avoir fait fuir
Philaster !

ARÉTHUSE

Mais il l'ignorera.

PHILASTER

Si cet acte de faiblesse était ignoré de tout l'univers, il me déshonorerait et souillerait pour toujours
ma conscience.

ARÉTHUSE

Alors, mon bien-aimé, sois calme, et ne le con-
tredis pas ; sois calme, pour l'amour de moi. Et
surtout qu'il ignore votre rivalité.

PHILASTER

Je ferai de mon mieux.

(Entre PHARAMOND.)

PHARAMOND

Ma princière maîtresse, ainsi qu'il est du devoir
de tout véritable amant, je suis venu baiser ces
blanches mains, et vous témoigner par les démons-
trations d'usage le profond amour gravé dans mon
cœur.

PHILASTER

Si vous n'avez pas d'autre réponse à me faire, je me retire...

PHARAMOND

A quoi celui-ci désire-t-il qu'on lui réponde?

ARÉTHUSE

Il s'agissait de ses droits sur ce royaume.

PHARAMOND

Tout à l'heure je vous ai épargné en présence du roi.

PHILASTER

Persévérez dans cette attitude... Je ne vous parle pas.

PHARAMOND

Mais ce moment est plus favorable à une explication. Ayez encore une fois l'audace de prétendre à la couronne de n'importe quel pays, fût-il le plus misérable des royaumes, et...

PHILASTER

Monsieur, laissez-moi...

PHARAMOND

Et par cette épée...

PHILASTER

Du calme, Pharamond. Si tu...

ARÉTHUSE

Laissez-nous, Philaster...

PHILASTER

J'ai fini.

PHARAMOND

Demeure ou par le ciel, je te rattraperai.

PHILASTER

Tu n'auras besoin de courir après moi.

PHARAMOND

Que veux-tu dire ?

PHILASTER

Sache, Pharamond, qu'il me répugne de me cha-
mailler avec un fanfaron de ton espèce. Tu n'as de
courage que dans tes discours. Si tu persistes à me

provoquer, je t'enverrai bientôt rejoindre tes illustres aïeux et tu seras celui dont les vivants disent :
Il fut...

PHARAMOND

Quoi, tu me braves, tu attentes à ma grandeur dans la chambre même de la princesse...

PHILASTER

J'avoue que l'endroit est un de ceux auxquels je dois le respect. Mais fût-ce l'église, voire l'autel, voire le tabernacle, où tu oserais me défier, j'oserais aussi t'y occire sans la moindre vergogne. Et quant à ta grandeur, apprends que je puis vous pulvériser, toi et ta grandeur, ainsi ; vous réduire au néant, comme je le ferais d'un grain de poussière... Et plus un mot, pas un mot de réplique ! Adieu.

(PHILASTER sort.)

PHARAMOND

Un curieux personnage, n'est-ce pas, madame ? Lorsque nous serons mariés nous lui clorons le bec en l'appelant à quelque gras emploi...

ARÉTHUSE

Vous pourriez le prendre pour intendant.

PHARAMOND

En effet, il me paraît honnête... Mais, pour en revenir à des préoccupations immédiates, chère dame, maintenant que nos cœurs sont unis, et en présence des longueurs et des retards des formalités et des cérémonies nuptiales, que ne prendrions-nous quelque avant-goût des joies et des délices que l'hymen nous réserve!

ARÉTHUSE

Je ne puis répondre à ces inconvenances qu'en me retirant...

(Elle sort.)

PHARAMOND

Mon tempérament ne s'accommode pas de ces fiançailles platoniques. Il me faudra chercher à le satisfaire ailleurs.

Fin du premier acte.

Acte deuxième.

SCÈNE Ire

Une salle dans le palais.

Philaster, Bellario.

PHILASTER

Et tu trouveras en elle une ravissante patronne,
mon garçon; remplie d'égards pour ta tendre
jeunesse, pour ta pure innocence, et qui mieux que
moi pourra s'occuper de ton avenir et pourvoir à
ta subsistance.

BELLARIO

Maître, tu m'as recueilli quand je n'étais rien et
si je suis quelque chose aujourd'hui ce n'est que
parce que je suis à toi. Sans me connaître tu eus
confiance en moi. Ce que tu pris pour de la can-
deur et de l'innocence aurait pu être de la dissimu-

lation et de l'hypocrisie. Néanmoins tu te chargeas de moi, tel que j'étais, sans te renseigner autrement sur mon origine et mon caractère. Tu me pris avec mes défauts et mes faiblesses. C'est pourquoi je ne puis guère m'attendre à rencontrer maître ou maîtresse plus digne de vénération que toi.

PHILASTER

Mais mon garçon, quand je te dis qu'elle sera encore meilleure pour toi que moi-même .. Tu es tout jeune encore et tu portes un amour puéril quoique débordant à quiconque te tapote les joues et te parle avec douceur. Mais quand ton jugement aura mûri tes impressions et gouverné tes sympathies, tu garderas surtout un touchant et reconnaissant souvenir de ceux qui t'ont aidé à devenir un homme et t'ont procuré une noble position dans le monde. Note bien que celle chez qui je te place est une princesse.

BELLARIO

Depuis le peu de temps que je connais le monde, je n'ai jamais rencontré de maître empressé de se séparer d'un serviteur qu'il savait fidèle. Je me souviens que mon père plaça souvent de ses domestiques chez des grands, des personnages plus riches et plus considérables que lui. Il le fit dans l'intérêt de ses serviteurs mais il ne se sépara jamais d'eux avant qu'ils fussent devenus hommes ou qu'ils eussent aspiré à de plus hautes situations. Il n'aurait renvoyé qu'un insolent ou qu'un ingrat.

PHILASTER

Que veux-tu dire, mon gentil garçon? Jamais je n'eus à me plaindre de ta conduite.

BELLARIO (*sanglotant*).

O mon cher maître, si j'ai commis une faute, c'est par ignorance. Daigne m'instruire; au besoin, ma volonté suppléera à mon intelligence. L'âge et l'expérience enrichiront mon âme de plus de talents. Et si j'ai réellement commis une action blâmable, ne me considère point pour cela comme un vaurien incorrigible. Quel patron poussera la sévérité à l'égard de son apprenti jusqu'à le renvoyer sans un avertissement, dès la première peccadille? Oh, inflige-moi plutôt n'importe quelle correction et je te promets de m'amender; oh, tout plutôt que de me chasser, de me détacher de toi; ô maître, je t'en supplie...

PHILASTER

Ton affection plaide avec tant d'éloquence pour que je te garde auprès de moi, que, je t'assure, je suis aussi prêt à verser des larmes en songeant à la séparation. Hélas ! je ne te chasse pas ; tu sais bien que ce sont mes intérêts qui t'appellent ailleurs. Puis, si tu vis auprès d'elle c'est comme si tu logeais chez moi. Mets-toi ça dans la tête. Il en est bien ainsi. Et quand le moment sera venu où tu auras bien rempli la lourde mission dont j'avais chargé un être si faible que toi, c'est avec joie que je te reprendrai de nouveau ; je te le promets, je te le jure sur ma vie... Non, ne pleure plus, mon tendre garçon ! Sèche tes larmes... Il est plus que temps de te rendre auprès de la princesse.

BELLARIO

Eh bien, je pars. Mais puisque je dois vous quitter, cher Seigneur, et que nul ne peut me dire où je vivrai encore pour vous servir avec le plus de dévouement, agréez cette prière d'adieu : Le ciel bénisse vos amours, vos combats, tous vos desseins ! Les malades que vous aimez, puissent-ils obtenir leur guérison ! Que le ciel haïsse ceux que vous maudissez, fussé-je même un de ceux-là ! (*Exit*)

PHILASTER

L'attachement de certains pages pour leur seigneur est étrange. J'ai lu des merveilles sur ce chapitre. Toutefois, si j'en crois ses discours et sa physionomie, cet enfant-là accomplirait par amour

pour moi des exploits inconnus dans l'histoire.
Un jour viendra, j'espère, où je pourrai royale-
ment reconnaître sa fidélité.

SCÈNE II

Une galerie dans le palais.

PHARAMOND

Où ces dames peuvent-elles bien s'attarder ainsi?
Il leur faut cependant passer par cette galerie. Ce
n'est point leur service chez la reine qui les retient!
Les exercices religieux les occupent encore moins.
Dame! Qui sait! Si elles étaient devenues subitement honnêtes et pieuses! Qui serait volé, c'est
moi. Et jamais je ne me suis trouvé d'humeur plus
galante que ce soir. Ah, en voici une... En chasse,
en chasse!

(Entre GALATHÉA.*)*

GALATHÉA

Je salue Votre Grâce.

PHARAMOND

Ne vous dérangerai-je pas...

GALATHÉA

D'aucune façon, monseigneur...

PHARAMOND

Non, non, ne vous retirez pas... Par cette douce
main que je presse...

GALATHÉA

Attention. Vous alliez vous parjurer car vous ne
caressez qu'un vieux gant. Je veux bien causer
avec vous pourvu que vous vous teniez à distance.
Mais, cher prince, ne soyez ni vantard ni obscène,
et à cette condition je pourrai répondre avec assez
de sens aux profonds apophtegmes que me com-
muniquera votre royale intelligence...

PHARAMOND

Chère dame, pouvez-vous aimer ?

GALATHÉA

Cher prince, chère dites-vous ! Je ne vous ai
pourtant coûté encore ni banquets ni équipage.
Sur ce visage il n'y a pas de fard destiné à effacer
la trace du péché qui l'a payé. Cette résille enve-
loppe mes propres cheveux; et cette figure a été si
peu chère à qui que ce soit que jamais elle n'a coûté

un liard de maquillage. Et quant au reste de ma pauvre toilette, comme vous le voyez, il accuse si peu de luxe et de recherche qu'elle désarmerait l'envie que les femmes de boutiquiers éprouvent pour les dames de la cour.

PHARAMOND

Les dames de ce pays n'accordent-elles pas plus d'attention à des personnages de ma belle prestance...

GALATHÉA

Belle prestance? Je ne vous comprends pas. A moins que vous ne fassiez allusion à votre embonpoint précoce, et en ce cas je vous recommande beaucoup d'exercice, de jeûner le plus possible, de renoncer à la viande de porc, aux anguilles, au lait de beurre, tous engendreurs d'hypocondrie et de mauvaise graisse...

PHARAMOND

Madame, en ce moment vous ne parlez de rien.

GALATHÉA

D'accord ; puisque je parle de vous.

PHARAMOND

Peste, quelle gaillarde! Son esprit me plaît.

En se rebiffant elle ne fait que m'affrioler davantage... Je la crois de la nature de Danaé que l'on
courtise dans une pluie d'or. — Madame, voyez
ceci... Tout cela, et plus encore, vous appartient.

GALATHÉA

Que me montrez vous là, prince? De l'or! Et,
sur ma vie, de l'or pour de vrai, du bel or! Il vous
faudrait sans doute de l'argent en échange pour
jouer aux cartes avec les pages. Dommage que je
n'aie pas assez de monnaie sur moi. Mais patientez
un instant, je vous enverrai mon époux avec de
l'argent... Je cours à sa recherche et garde votre
or en attendant.

PHARAMOND

Madame, Madame...

GALATHÉA

Elle va venir à la minute et vous pourrez lui
donner de l'argent. Ah, mon beau prince, je te
tiendrai tête.
(Elle se retire derrière les tentures.)

PHARAMOND

S'il est encore deux péronnelles de cette espèce
dans ce royaume et en cette cour, j'en serai pour
mes frais de séduction. Il suffirait de dix semblables

femelles camphrées pour ressusciter l'âge d'or où les maris les plus hideux étaient pourtant les pères de leurs propres enfants. Et quel désastre pour les coucous de ma race!

(*Entre* MÉGRA.)

En voici une autre. Le diable l'emporte si elle est du même aloi que la bégueule qui vient de s'esquiver. — Bien de radieux matins à votre jeunesse, charmante dame.

MÉGRA

Et ces radieux matins puissent-ils être suivis d'autant d'exquises journées pour Votre Altesse.

PHARAMOND

Cela s'annonce mieux .. Poussons en avant! Si rien de plus important ne vous occupe, veuillez m'accompagner pour vous entretenir une heure...

MÉGRA

Et de quoi Votre Grâce m'entretiendra-t-elle.

PHARAMOND

O, de quelque gentil sujet qui vous concerne. Tenez, il ne faudra pas chercher plus loin que votre œil, votre lèvre; il y a déjà là de quoi exercer la verve poétique d'un amant durant un siècle...

MÉGRA

Seigneur, on s'accorde à me trouver avenante et mon miroir, le premier, rend justice à mes lèvres. Il les proclame délicates, fraîches à souhait, assez mûres, assez rouges...

PHARAMOND

Elles sont deux cerises jumelles rougies par la pudeur, que ces deux radieux soleils, vos prunelles, mûrissent à leurs divins rayons. Tendre beauté, ployez donc ces branches pour qu'il soit permis au Tantale, qui défaille et se consume au spectacle de ces perfections, de goûter à ces fruits du ciel et d'y puiser une vie nouvelle...

MÉGRA

O le délicat, le charmant prince ! Il faudrait être une nonnain au cœur de glace et de neige pour résister à des propos si troubleurs ! Seigneur, vous avez cueilli ce baiser en des termes si poétiques que je voudrais être poète pour célébrer aussi votre front, vos joues, et vous embrasser avec le même lyrisme...

PHARAMOND

En attendant, embrassez-moi... en prose. C'est plus vite fait... Vous ne pouvez manquer ce baiser.

MÉGRA

Peut-être... Je suis si maladroite.

PHARAMOND

Et si je rapproche le but... Ainsi. (*Il l'embrasse.*) J'ai commencé. A votre tour?

MÉGRA (*Elle l'embrasse.*)

A présent la chose me paraît simple, en effet. Seulement, mes lèvres ont peine à se détacher...

PHARAMOND

Tant mieux. Ce n'est pas moi qui les éloignerai. Je les aspirerais jusqu'à demain. Mais trève de bagatelles. Peux-tu m'aimer?

MÉGRA

Vous aimer, seigneur. Comment me voudriez-vous, vous aimer?

PHARAMOND

Je te l'apprendrai en une phrase concise, ne voulant pas charger ta mémoire. Voici tout le précepte. (*Il lui parle à l'oreille.*)

MÉGRA (*se rebiffant*).

Fi, mon prince, que dirait votre fiancée?

PHARAMOND

Rien. Elle est de nature si froide que l'homme et
la fonction de l'homme lui sont tout à fait indifférents.

MÉGRA

Votre Grâce a-t-elle vu l'étoile de cette cour,
Galathéa ?

PHARAMOND

La peste soit de cette pécore ! A côté d'elle la
princesse est une Messaline. Elle était ici à
l'instant.

MÉGRA

Et comment avez-vous jouté contre son esprit ?...

PHARAMOND

Le diable l'emporte, la malicieuse gale ! Je n'étais
pas de force à lutter avec elle. Mais il ne s'agit pas
de Galathéa. Causons de vous. Serai-je le bienvenu, ma jolie petite fée ?

MÉGRA

Où cela ?

PHARAMOND (*Il lui parle de nouveau à l'oreille.*)

Fais tes conditions. Ma bourse est ouverte à

tous tes caprices... Allons, je te sais timide; dis-moi la chose à l'oreille. (*Elle fait comme il dit.*) Tiens, prends ceci, en attendant. (*Il lui passe une bague au doigt.*) Bientôt tu recevras ma visite...

MÉGRA

Seigneur, ma chambre ne nous offre pas assez de sécurité; mais quand il fera nuit, je trouverai bien moyen de me glisser dans votre appartement, et en attendant...

PHARAMOND.

Et en attendant prends ceci, et ceci encore (*il l'embrasse à plusieurs reprises*) et emporte toute mon image avec toi !
(*Ils se séparent et vont dans des directions différentes.*)

GALATHÉA (*sortant de sa cachette*).

Ah ! le chaste fiancé ! A-t-on jamais vu pareil braconnier d'amour ! Sont-ce là tes vertus ? Eh bien je m'en vais faire éclater une bombe dans ton jeu, ou je consens à ne plus être ce qu'on appelle une femme. Et quant à toi, la petite, tu ne te doutes pas non plus du scandale qui t'attend...

SCÈNE III

*L'appartement d'*Aréthuse *dans le palais.*

Aréthuse, une Suivante.

ARÉTHUSE

Où est le page?

LA SUIVANTE

Dans l'antichambre, madame.

ARÉTHUSE

Lui as-tu donné de l'or pour s'acheter des habits?

LA SUIVANTE

Oui, madame.

ARÉTHUSE

Et s'est-il équipé?

LA SUIVANTE

Il est complètement habillé de neuf.

ARÉTHUSE

C'est un joli enfant à la triste parole, n'est-ce pas? Lui as-tu demandé son nom ?

LA SUIVANTE

Non, Madame.

Les précédents, Galathéa.

ARÉTHUSE

O sois la bienvenue! Quelles bonnes nouvelles ?

GALATHÉA

Les meilleures que puissent attendre Votre Grâce. Ce que vous souhaitiez est arrivé.

ARÉTHUSE

Quoi, as-tu découvert quelque chose ?

GALATHÉA

Pharamond, votre vertueux fiancé...

ARÉTHUSE

Eh bien...

GALATHÉA

Attend cette nuit Mégra dans sa chambre...

ARÉTHUSE

Est-ce possible? Comment sais-tu cela?

GALATHÉA

J'ai surpris une conversation durant laquelle ils allaient déjà très loin. Le prince va vite en besogne. Et quelle ardeur il met dans ses poursuites ! D'abord il s'était adressé à moi. Voyant que je me moquais de lui il s'est rabattu sur ma compagne...

ARÉTHUSE

Ah, je tiens le moyen de rompre cet odieux engagement. Va, Galathéa, mêle-toi aux autres dames de la cour; ne parle à personne de ce que tu as surpris; le reste me regarde. (GALATHÉA sort.) Où est le page ?

LA SUIVANTE

Le voici, madame.

Les précédents, Bellario.

ARÉTHUSE

Vous êtes triste, n'est-ce pas, mon garçon, d'avoir changé de service ?

BELLARIO

Madame, je n'ai pas changé de service ; étant à vos ordres, c'est encore lui que je sers.

ARÉTHUSE

C'est donc que tu me désavoues. Dis-moi ton nom ?

BELLARIO

Bellario !

ARÉTHUSE

Tu sais chanter et jouer du luth ?

BELLARIO

Si la douleur m'accorde quelque trêve, je le puis, en effet, madame.

ARÉTHUSE

Hélas ! Quelle espèce de douleur connaît-on à ton âge ? Étais-tu tombé à l'école sur un maître brutal ? Il n'est point d'autre chagrin qui puisse visiter un enfant. Ton front et tes joues sont lisses comme la surface d'un lac que ne trouble aucun souffle. Crois-moi, enfant, le chagrin recherche les fronts ridés et les yeux caves ; et il creuse ces rides et ces yeux pour s'y blottir. Approche, petit, et dis-moi franchement si ton maître m'aime ?

BELLARIO

Aimer! Madame, j'ignore ce que c'est.

ARÉTHUSE

Tu connaîtrais la douleur, alors que tu ne connus pas encore l'amour? Tu vois bien que tu te trompes, mon enfant. Voyons, parle-t-il de moi, comme s'il me voulait du bien?

BELLARIO

Si c'est l'amour, se désintéresser complètement de ses amis intimes en évoquant votre seul visage; si c'est l'amour, s'asseoir les bras croisés, en soupirant durant tout le jour, ou se réveiller en sursaut de son rêve et crier alors votre nom d'une voix aussi déchirante et angoissée que les veilleurs crient au feu dans la nuit; si c'est l'amour, fondre en larmes, à la seule mention d'une femme morte ou tuée, parce que pareil sort aurait pu vous échoir; si, lorsqu'il se couche dans l'intention de trouver un repos qui le fuit, il prononce votre nom entre deux prières, comme d'autres invoquent la Vierge à chaque grain de leur chapelet, si c'est là de l'amour, alors, madame, j'ose jurer qu'il vous aime.

ARÉTHUSE

O, tu es un page subtil, qui appris à mentir au profit de ton maître; mais tu n'ignores pas qu'un

mensonge de cette mélodie m'est plus agréable que
toute vérité d'après laquelle il ne m'aimerait pas.
Viens avec moi, mon garçon, où nous réclame
l'intérêt de ton maître. Hâtons-nous.

SCÈNE IV

Devant l'appartement du prince PHARAMOND, *au palais.*

Dion, Cleremont, Thrasiline, Mégra, Galathéa.

DION

Voyons, mesdames, voulons-nous faire un bout
de causette? De même que les hommes se pro-
mènent durant une heure, les femmes ont besoin de
bavarder après les repas. C'est un exercice.

GALATHÉA

Il est bien tard.

MÉGRA

Mes yeux me refuseront tout autre service que
celui de me conduire jusqu'à mon lit.

GALATHÉA

Je crains même qu'ils trouvent à peine le chemin
de ta chambre.

Les précédents, Pharamond.

THRASILINE

Le prince!

PHARAMOND

Pas encore au lit, les dames? Vous êtes de rudes veilleuses. Que diriez-vous d'un doux rêve qui se prolongerait jusqu'au matin?

MÉGRA

Moi, je préférerais un agréable réveil avant le matin, monseigneur.

Les précédents, Aréthuse, Bellario.

ARÉTHUSE

Je vous y prends, monseigneur. Vous courtisez encore les dames à cette heure. Il est déjà tard, n'est-ce pas, messieurs?

CLEREMONT

Oui, madame.

ARÉTHUSE (*au page*).

Toi, attends ici. (*Elle sort.*)

MÉGRA

Elle est jalouse, ma parole. — Voyez donc, Altesse, la princesse est accompagnée d'un Hylas, d'un Adonis.

PHARAMOND

Vrai, il est joli comme un ange.

MÉGRA

Sans doute, quand vous serez mariés, se tiendra-t-il à votre chevet, comme un jeune Apollon, chantant et jouant de la lyre, et noyant vos pensées en un délicieux sommeil. La princesse l'a engagé à cette intention.

PHARAMOND

Peuh ! Je n'aime guère la musique de ces pages.

MÉGRA

Moi non plus. Le peu qu'ils savent, ils en tirent trop de vanité.

DION

Est-il au service de la princesse ?

THRASILINE

Oui.

DION

Un gentil page! Et avec quel luxe elle l'habille!

PHARAMOND

Madame, à toutes la bonne nuit. Je compte avoir tué quelque chevreuil demain, avant que vous ayez fini de rêver.

(Il sort.)

MÉGRA

Tout le bonheur accompagne Votre Grâce! Messieurs, un bon repos. — Viens-tu, toi, nous mettre au lit?

GALATHÉA

Oui, bonsoir à tous.

(GALATHÉA *et* MÉGRA *sortent.*)

DION

De gracieux rêves, mesdames! — Et nous, à quoi nous décider, messieurs? L'heure avance. Toutefois, le roi veille encore. Tenez, le voici accompagné d'un garde.

Les précédents, moins **Mégra, Galathéa** et **Pharamond, le Roi, Aréthuse, un Garde.**

LE ROI

Ainsi tu persistes à croire ce dont on t'a informée.

ARÉTHUSE

Je jurerais que c'est vrai. Et j'espère que Votre Majesté ne m'unira point à un homme qui, en pleine ardeur des fiançailles, me rejette pour en prendre une autre.

DION

Que signifie ceci?

LE ROI

Si tu dis la vérité, mieux eût valu pour cette femme contracter un mal incurable. Allez vous reposer. Je vais faire justice.

(ARÉTHUSE et BELLARIO se retirent.)

Approchez, messieurs. Nous avons besoin de vous. Le jeune Pharamond est-il déjà rentré?

DION

Je l'ai vu entrer là.

LE ROI

Holà! Que l'un de vous tâche adroitement de savoir si Mégra se trouve dans sa chambre.

(DION sort.)

CLEREMONT

Sire, elle vient de s'y rendre avec ses compagnes...

LE ROI

S'il en est ainsi, nous en serons pour nos soupçons. (*A part*) O Dieux, je vois que celui qui a usurpé le bien d'autrui sera maudit dans ce qui fait le bonheur des mortels les plus infimes. L'avenir ne lui connaîtra pas de descendant mâle, pour hériter de ses possessions, et son nom sera effacé de la surface de la terre. Ou s'il laisse quelque fille, elle sera vouée à l'infortune; les dieux mêmes sèmeront la discorde entre elle et son époux. Pitié, Seigneur, pardonne le mal que j'ai commis, ne le fais pas retomber sur cette douce et vertueuse enfant. Elle, du moins, n'a pas enfreint ta loi. Hélas! Comment me suis-je flatté un instant d'être entendu des dieux équitables, moi qui les invoque agenouillé sur un sol que je détiens injustement!

Les précédents, Dion.

DION

Sire, je me suis informé et ses femmes jurent qu'elle est rentrée chez elle; mais celles-ci, j'ai lieu de le craindre, ne valent guère mieux que des entremetteuses, car lorsque je leur eus déclaré qu'il me fallait à toute force parler à leur maîtresse, elles se mirent à rire en disant que pour le moment la dame était couchée sans avoir plus l'usage de la parole. J'insistai en leur signifiant l'importance de ma mission; elles répliquèrent que la dame était retenue par des affaires non moins majeures. Je me fâchai et leur criai que la mienne était une affaire de vie et de mort; elles me firent entendre que le genre de repos auquel se livrait leur dame était précisément la même chose, une affaire concernant la vie et la mort : Bref, je ne pus tirer une réponse plus directe de ces luronnes. Mais en ma conviction, leur maîtresse n'était pas dans sa chambre.

LE ROI

Alors n'hésitons plus. Toi, garde, va te poster à la porte de derrière de l'appartement du prince et veille que personne n'en sorte ; qu'il y aille de la vie pour quiconque violerait ta consigne, pour toi-même si tu laisses s'évader nos tourtereaux. Et maintenant, frappez à cette porte, messieurs, frappez fort! Plus fort, donc! Qu'est-ce à dire, la volupté les aurait-elle rendus sourds? Je m'en vais troubler leurs méditations. Frappez de nouveau! Rien encore? Impossible qu'il dorme durant un tel vacarme. Allez, encore une fois. Et fort! — Ohé, Pharamond, ohé le prince!

(PHARAMOND paraît à une fenêtre.)

PHARAMOND

Quel effronté maraud mène cet infernal tapage, en pleine nuit, à ma porte? Que font mes gardes?

Malheur au téméraire que je rencontre; c'est un homme mort!

LE ROI

Prince, vous vous méprenez sur nos intentions; nous sommes de vos amis. Descendez, je vous prie.

PHARAMOND

Le roi!

LE ROI

Lui-même, monsieur; descendez donc. Nous avons besoin de causer avec vous sur-le-champ.

PHARAMOND

Si Votre Grâce voulait me faire le plaisir de m'attendre dans sa chambre.

LE ROI

Non, il est trop tard, prince. Je monterai plutôt chez vous.

PHARAMOND

Malheureusement, pour des motifs d'un caractère intime et privé, je me vois forcé de dire : « Impossible! » Non, messieurs, n'essayez pas d'arriver jusqu'ici par la force; tout intrus devra me passer sur le corps avant de pénétrer dans cette chambre.

(PHARAMOND se présente sur le seuil de la porte.)

LE ROI

Altesse, résignez-vous à me laisser passer. Je le dois, je le veux.

PHARAMOND

Il m'en coûterait l'honneur. C'est pourquoi il en coûtera la vie à celui qui s'avise d'entrer. Sire, je suis votre hôte. De quel droit amenez-vous ces mécréants dans mon logis, à cette heure indue?

LE ROI

Pourquoi vous agiter ainsi? On ne vous en veut pas; il ne vous sera fait aucun mal. Je désire simplement visiter votre chambre, pour des raisons à moi connues. (*Aux autres.*) Entrez, vous dis-je.

PHARAMOND

Et moi je dis non.

(MÉGRA paraît à la fenêtre.)

MÉGRA

Laissez faire, prince; qu'ils entrent, je suis debout, et prête à leur répondre. Je sais ce qui les amène. Ils s'acharnent après l'honneur d'une pauvre femme. Qu'ils en prennent à leur aise! Eh bien, messieurs, que voulez-vous savoir? J'avoue que j'étais couchée ici. — O sire roi, il n'est point royal de rendre publique la faiblesse d'une femme !

LE ROI

Descendez !

MÉGRA

Je n'ai pas peur, sire. Vos huées et vos clameurs, vos chuchotements et vos rires narquois ne me font plus aucun effet. Mais je me réserve une terrible vengeance sur quelqu'un qui vous touche de près, ô roi. Et à cette perspective tous vos mépris et vos brutalités deviennent pour moi une source de bonheur et de jouissance.

LE ROI

Descendrez-vous ?

MÉGRA

Oui, pour me réjouir de votre détresse. Ah ! ma vengeance ne se fera pas attendre. A mon tour de jouer.

LE ROI

Monsieur, je devrais vous reprocher sérieusement votre dévergondage. Vous avez offensé grièvement une vertueuse fiancée. Mais brisons là. Ramenez-le au palais.

(Entre MÉGRA.)

LE ROI

Eh bien, la dame d'honneur, où niche-t-il à présent votre honneur? Corbleu, vous n'êtes pas dégoûtée. Il vous faut des princes à présent. Ah, carogne, vile infection, ne pouvais-tu jeter ton dévolu que sur celui qui nous appartenait; te fallait-il absolument, misérable catin, marcher sur les brisées de ma fille? Ah, par les dieux, tous ces hommes, tous mes pages, toute la cour te poursuivra dans les salles du palais en te huant, en te jetant des oranges pourries, en te chantant des couplets obscènes et satiriques; en livrant ton nom à l'opprobre et au mépris des plus infimes valets... Ma parole, on dirait que cet esclandre la fait rire!

MÉGRA

Pardonnez-moi, sire, mais je ne puis m'empêcher de rire en vous voyant de si joyeuse humeur. Oui, à la bonne heure, faites tout ce que vous venez de dire! Faites cela, trouvez mieux encore! Et, si vous osez me traiter ainsi, je jure, à mon tour, par tous les dieux, les vôtres et les miens, que je me choisirai des partenaires et des compagnons, et des partenaires qui rendront le scandale mille fois plus éclatant et plus formidable encore! Vous ne devinerez pas qui je choisirai pour marcher avec moi? Votre fille, Majesté, votre propre fille! Oui, la princesse en personne aura sa part, elle prendra

la moitié et au delà des insultes, des libelles,
des crachats, des couplets galants que vous me
destiniez! Ah, ne me bravez plus, Majesté. Je la
connais, elle et ses œuvres. Je sais ses faiblesses,
ses turpitudes, ses péchés mignons. Je mettrai
toute sa honte au jour. Je lui arracherai son
masque de vertu, je publierai son déshonneur.
Tiens, vous ne riez plus, Majesté! — Je connais
le page qu'elle entretient. Un joli page, ma foi! qui
n'a pas encore dix-huit ans. Je sais ce qu'ils font
ensemble, je vous dirai le lieu et le moment.
Allons, Sire, avouez qu'il est dangereux, même
pour un roi, de pousser une femme au désespoir.
Ah, je ferai comme je viens de le dire, je le jure...

LE ROI

Un page! De quel page veux-tu parler?

MÉGRA

Misère! Vous n'observez, vous ne voyez donc
rien, sire roi? Croyez-moi, cachez aux malveil-
lants et aux bavards la faute que vous venez de
découvrir, ou, par le ciel, en tombant j'entraînerai
la princesse dans ma chute. Ce que je sais sera
connu de tout le monde. Cela se répandra de
bouche en bouche, jusqu'aux confins de l'univers.
Ah, si vous chérissez votre enfant, prenez garde,
sire!

LE ROI

La princesse a-t-elle un page?

CLEREMONT

En effet, Majesté, je l'ai vue accompagnée d'un page, un gentil page...

LE ROI

Va-t'en ; pour cette fois je m'efforcerai de t'oublier.

MÉGRA

Efforcez-vous de m'oublier pour que moi aussi je consente à vous oublier.

(Sortie du ROI. *de* MÉGRA *et des* GARDES.)

DION

Quelle furie ! On croirait à l'entendre que tous les diables tiennent garnison dans sa langue ! Par instants je croyais lui voir cracher des balles et des flammes ! Elle a tellement secoué le roi que les médecins auront peine à le remettre sur pied. La madrée coquine ! Comme elle a joué adroitement de ce page... le page de la princesse... le page de cette dame honnête, chaste et vertueuse entre toutes ! Tout ceci nous prépare de terribles orages. Et si elle a dit la vérité, comment l'apprendre à Philaster ?

Fin du deuxième acte.

Acte troisième.

SCÈNE Ire

La cour du palais.

Cleremont, Dion, Thrasiline.

CLEREMONT

Ce que racontait Mégra est entière vérité.

DION

Les dieux auraient-ils suscité ce scandale pour punir l'usurpateur dans ses descendants. Continue-rons-nous à subir plus longtemps, nous, gentils-hommes des plus nobles et hommes libres, le joug de ce roi sans vergogne qui priva Philaster, l'hon-neur de notre race, de ses droits régaliens ? Et après ce tyran nous faudra-t-il voir passer le sceptre aux mains de cette princesse lascive qui, en attendant son mariage avec un étranger impopulaire, assouvit sa luxure dans les bras d'un page précoce !

THRASILINE

Je crois qu'il n'est personne d'honnête et de bien né qui ne se joigne à nous pour aider Philaster à reconquérir son patrimoine.

CLEREMONT

Le peuple entier attend pour se soulever le signal que Philaster retenu par de mystérieux scrupules hésite à lui donner.

DION

Le seul obstacle qui retient Philaster consiste dans l'admiration et l'estime qu'il éprouvait pour la princesse. A présent que nous pouvons démasquer et confondre cette pécheresse sournoise, rien n'empêchera plus notre ami de s'insurger pour reprendre son bien.

THRASILINE

Il est possible qu'il ne nous croie point.

DION

Cependant le déshonneur d'Aréthuse est certain.

CLEREMONT

Oui, mais nous n'en avons pas la preuve.

DION

Au besoin, je déclarerai avoir vu la princesse dans les bras du page.

CLEREMONT

Ce mensonge est indispensable...

DION

Silence, le voici.

Les précédents, Philaster.

DION

Bonjour, monseigneur. Depuis quelque temps nous vous recherchions...

PHILASTER

Je vous remercie de votre empressement autour de moi. En quoi puis-je vous être agréable ?

DION

Mon bon seigneur, nous faisons appel à cette martiale vertu qui sommeille en votre poitrine.

Nous venons vous dire que les nobles et le peuple, lassés de la tyrannie de l'usurpateur, attendent votre apparition pour se soulever. Mettez-vous à notre tête !

PHILASTER

Combien me touchent votre affection et votre confiance ! Mais apprenez que je n'ai pas encore mûri mes projets. D'ici à peu de temps j'aurai besoin de vous. Patientez encore...

DION

Le moment est plus propice que vous le croyez. Nous pourrions atteindre sans trop de peine aujourd'hui au but auquel nous n'arriverions plus tard qu'après des luttes sanglantes. Depuis longtemps le roi est haï de tout son peuple ; ce peuple ne le ménageait que par amour pour la princesse, mais à présent...

PHILASTER

Quoi, que voulez-vous dire ?

DION

Elle est aussi méprisable que lui...

PHILASTER

Et pour quel motif ?

DION

On sait qu'elle est une catin...

PHILASTER

Tu mens...

DION

Monseigneur...

PHILASTER

Tu mens, te dis-je. (*Il dégaine mais on le maîtrise.*) Je te croyais homme d'honneur! Ravir ainsi sa renommée à une femme est une infamie. Car ce propos, fût-il mensonger et aussi faux que l'enfer, comme celui que tu viens de tenir, le mal est irréparable; le peuple n'étant que trop enclin à accueillir tout ce qui diminue les grands et à pro- . pager semblables inventions. Aussi vais-je couper le mal à sa racine. Qu'on me laisse faire prompte justice de cet homme!

DION

Quel courroux inattendu! L'aimerait-il?

PHILASTER

J'aime la sainte vérité, je l'aime comme une maîtresse et quiconque tente de la violer appelle sur sa tête une vengeance aussi prompte que la foudre. Allons, lâchez mes bras...

THRASILINE

De grâce, cher seigneur, calmez-vous...

CLEREMONT

Seigneur, rappelez-vous qu'il est votre ami le plus fidèle. Il n'a parlé que pour vous rendre service, et il est prêt à prouver ce qu'il avance.

PHILASTER

Pardonnez-moi, monsieur, mon zèle pour la vertu me rend parfois brutal. Si j'avais entendu tenir sur votre compte et derrière votre dos des propos calomnieux, croyez que j'aurais été aussi furieux et hors de moi qu'à présent.

DION

Mais, cher seigneur, ce que j'ai dit est la vérité même.

PHILASTER

Oh, ne dis pas cela ! Pour l'amour du ciel, si tu es mon ami, ne le répète plus ! Alors la vérité serait que toutes les femmes sont fausses ! Plus un mot de ce genre ! C'est impossible ! Et pourquoi croiriez-vous la princesse coupable ?

DION

Dame ! On l'a prise sur le fait.

PHILASTER

C'est faux ! O ciel ! C'est faux ! C'est impossible.
Est-ce possible ? Voyons, messieurs, parlez ; pour
l'amour de la vérité, dites, est-ce possible ? Toutes
les femmes sont-elles des prostituées ?

DION

Non, monseigneur.

PHILASTER

Alors c'est impossible.

DION

Elle a été surprise avec son page.

PHILASTER

Quel page ?

DION

Un page, un jeune garçon attaché à son service.

PHILASTER

O divinités ! Un petit garçon ?

DION

En effet. Le connaissez-vous, monseigneur?

PHILASTER

L'enfer et le diable le connaissent plutôt! Encore
une fois, messieurs, vous vous trompez! Voyons,
raisonnons froidement la chose. Si elle était aussi
luxurieuse que vous le prétendez, choisirait-elle un
enfant ignorant encore le désir? Non, elle prendrait
plutôt un complice ayant la pratique du péché qui
fait les délices des pervers. Vous vous trompez,
elle aussi, et moi-même...

DION

Pourquoi vous, seigneur?

PHILASTER

Parce que cette calomnie rejaillit sur l'univers
entier...

DION

Oh, noble prince, vos vertus sont trop larges
pour entrer dans les subtiles pensées de la femme.
A vrai dire, seigneur, je les ai pris moi-même sur
le fait, moi-même...

PHILASTER

Damnation! Toi-même, dis-tu! Eh bien, si c'est

toi qui les as vus, toi qui les accuses, va-t’en vite, fuis ma rage! Mieux eût valu pour toi surprendre les démons en train d’engendrer des fléaux que de surprendre le crime de cette princesse et de cet enfant! Cache-toi à mes yeux! Que la foudre ne t’a-t-elle surpris toi-même au moment où tu les surprenais! Que n’as-tu été paralysé, rendu muet pour toujours, afin que cette iniquité demeurât à jamais ignorée!

THRASILINE

L’avez-vous déjà vu si enragé?

CLEREMONT

Pas avant ce jour.

PHILASTER

Les vents qui se déchaînent aux quatre coins du monde et qui se répandent sur toute sa surface n’auront donc jamais effleuré de leur haleine un front de femme chaste! Qui de vous me transpercera de son épée?

DION

Comment, seigneur, cette nouvelle peut-elle vous émouvoir à ce point?

PHILASTER

Toute vertu qui sombre me pousse au désespoir. Quelque chose de moi-même s'engloutit avec elle.

DION

Mais, mon cher prince, revenez à vous et réfléchissez au meilleur parti à prendre.

PHILASTER

Je vous remercie. J'y réfléchirai. A présent, laissez-moi seul. Je verrai ce que nous aurons à faire. Demain je vous porterai ma réponse chez vous.

DION

Les dieux vous inspireront la résolution la plus sage !

THRASILINE

Dans quel trouble l'avons nous plongé !

CLEREMONT

C'est la révolte de sa vertu, de son âme immaculée !

(Ils sortent.)

PHILASTER

J'allais oublier de lui demander où il les a surpris... Je le rejoindrai à l'instant. O que n'ai-je un océan dans la poitrine pour éteindre cet incendie ! Et toutes les circonstances concourent à rendre ce feu plus intense et plus cruel. La faute même m'afflige moins à présent, que de savoir par qui elle a été commise! Et celui qui les accuse est un homme loyal, aussi loin du mensonge que la coupable l'est de la vérité. Oh pourquoi comme les brutes ne sommes-nous pas indifférents à ce que nous n'avons pas vu! Les taureaux et les béliers se battront pour leurs femelles lorsqu'ils les ont devant les yeux, mais arrachez-les au spectacle de leurs compagnes et vous leur enlevez du même coup toute cause de souci et de fureur. Ils se remettront tranquillement à brouter, ils deviendront gras et dispos, et l'eau des fontaines leur paraîtra aussi fraîche que jamais; la nuit ne leur apportera ni veilles, ni cauchemars. O la misérable humanité!

Le précédent, Bellario, portant une lettre.

Voyez, voyez! ô Dieux! Il marche, il vit encore, et le visage que vous lui prêtiez aux jours de son innocence est toujours le même, aussi radieux, aussi pur qu'autrefois! Est-ce juste, cela? N'est-ce point vous associer aux œuvres de l'enfer, que de revêtir la trahison d'une forme si séduisante? Aussi, il ne m'est plus possible de le croire coupable en ce moment.

BELLARIO

Toute prospérité soit la vôtre, seigneur! La princesse vous offre son amour, sa vie, et cette lettre...

PHILASTER

O Bellario! Je vois bien à présent qu'elle m'aime; elle me le prouve en t'aimant, toi, mon garçon! C'est qu'elle t'a habillé avec une richesse...

BELLARIO

Seigneur, elle m'a paré au delà de mes désirs, surtout au delà de mes mérites; mais je songe que ce bel habit est plutôt destiné à son page qu'à ma personne même.

PHILASTER

Tu parles déjà comme un courtisan, mon garçon. O que toutes les femmes friandes de vilenies apprennent à les dissimuler comme celle-ci le fait dans cette lettre! A l'en croire, son cœur, dur comme le diamant pour tout le reste de l'univers, se serait fondu comme neige à la chaleur de mes regards. — Dis-moi, petit, comment te traite la princesse? Je jugerai par là de son amour pour moi.

BELLARIO

Non pas comme un serviteur, mais comme si j'étais quelqu'un de son intime parenté; mieux, comme un qui lui aurait sauvé trois fois la vie par des prodiges de fidélité. Elle me traite comme les mères leurs fils uniques; comme je traiterais quelqu'un qu'on me confierait en m'avertissant que j'aurais à payer de ma vie le moindre mal qui pourrait lui arriver...

PHILASTER

Voilà qui est on ne peut mieux! Mais quel langage te tient-elle habituellement?

BELLARIO

Eh bien, elle me dit qu'elle confiera tous ses secrets d'amour à ma jeunesse; elle m'appelle son gentil page; elle m'engage à ne plus pleurer à cause de ma séparation d'avec vous, elle me promet de reconnaître généreusement mes services, en un mot elle me navre si doucement, elle me confond par tant de caresses, que ses consolations m'arrachent encore des larmes plus abondantes!...

PHILASTER

De mieux en mieux!

BELLARIO

Vous n'êtes point malade, seigneur?

PHILASTER

Malade? Non, Bellario.

BELLARIO

Il me semble que les paroles ne tombent pas de vos lèvres avec tant de douceur que de coutume et je ne trouve pas dans vos regards le calme habituel.

PHILASTER

Tu te trompes, enfant. — Et elle te caresse la tête?

BELLARIO

Oui.

PHILASTER

Et elle te tapote les joues?...

BELLARIO

Comme vous dites, seigneur.

PHILASTER

Et elle t'embrasse aussi, dis, mon enfant?

BELLARIO

Comment, seigneur...

PHILASTER

Elle t'embrasse, te dis-je.

BELLARIO

Pas cela!...

PHILASTER

Allons, allons, je le sais.

BELLARIO

Non, sur ma vie éternelle.

PHILASTER

Alors, c'est qu'elle ne m'aime pas. Allons, avoue qu'elle t'embrasse? Ecoute, je l'adjurai par tous les liens d'amour existant entre nous, par toutes nos futures jouissances, de te prodiguer ses faveurs entières, de te prendre dans son lit. Je lui ai même fait jurer que tu la posséderais. Hein, mon heureux polisson, qu'elle est incomparable? N'est-ce pas que son haleine est douce comme les brises d'Arabie à la saison des fruits mûrs? Ses seins ne sont-ils pas deux boules d'ivoire fluide? N'est-elle pas tout entière une inépuisable mine de voluptés?

BELLARIO

O douleur! Je sais à présent pourquoi une si noire détresse hanta ma pensée, la première fois que je me rendis chez elle. Mon âme augurait ce malheur. Maître, vous vous trompez; un méchant vous a induit en erreur. Je vois où tendent vos questions. Des rochers s'écroulent sur la tête du misérable qui vous a instigué! Par quel poison subtil est-il parvenu à défigurer ainsi votre caractère ?

PHILASTER

Tu crains que je t'en veuille si tu me racontes ta bonne fortune. Rassure-toi. Tiens, pour t'inspirer toute confiance, je t'ouvrirai moi-même le fond de mon âme. Je la hais encore plus que j'aime la félicité et si je t'ai placé auprès d'elle c'est pour que tu l'espionnes à mon profit, pour que tu flattes ses vices et la fasses choir dans la boue... Est-elle aussi dévergondée que je le souhaitais? Voyons, donne-moi quelque bonne nouvelle...

BELLARIO

Seigneur, vous vous êtes mépris sur le compte du page que vous lui adressiez. Fût-elle lascive comme les moineaux et les boucs; eût-elle trempé dans des turpitudes dépassant l'imagination et cachées aux regards du monde; je ne me serais jamais prêté à ses vils désirs, mais ce que j'aurais appris de son inconduite par mes fonctions de serviteur, je n'en aurais jamais révélé une parcelle, même si par cet abus de confiance j'avais prolongé ma vie de plusieurs siècles !

PHILASTER

Misérable! Cette dissimulation va plus loin que tes autres noirceurs... Tu vas me dire toute ta pensée, entends-tu? car je veux connaître le moindre détail qui s'y cache (*il tire son épée*) ou je t'arracherai le cœur pour le savoir. Je veux voir ta pensée aussi nettement que je vois à présent ton visage.

BELLARIO

Eh bien, frappez. (*Il s'agenouille.*) J'en atteste les dieux, elle est aussi chaste que la glace, mais si je la savais même aussi corrompue que l'enfer, il n'est point de torture, épées, tenailles, bûchers, huile bouillante ou plomb fondu, capable de me la faire trahir et de m'arracher une délation.

PHILASTER

Allons, je vois bien que c'est peine perdue que vouloir te convaincre. Ah, tu ne veux point parler! Eh bien, tu vas mourir, car je te hais; il m'en coûte même de ne pouvoir te damner.

BELLARIO

Si tu me hais, inutile de me damner; le ciel même ne pourrait m'infliger châtiment plus cruel que ta haine.

PHILASTER

Fi, fi! Un enfant cacher tant de félonie! Pour la dernière fois, tu vas me dire quand et où tu l'as possédée, ou que la peste m'emporte si je ne te crève à l'instant! (*Il le frappe au visage.*)

BELLARIO (*toujours agenouillé*).

Le ciel m'est témoin que je ne l'ai pas seulement touchée; et si je mens afin de sauver ma vie, puissé-je vivre longtemps à l'état de cadavre mutilé; taille-moi en pièces, mon maître bien-aimé, et tant qu'à travers mes tortures je conserverai une lueur de conscience, je chérirai ces membres que tu m'auras amputés, je les chérirai plus encore que lorsqu'ils étaient attachés à ma dépouille et je baiserai ces tronçons parce que c'est toi qui les auras mutilés ainsi.

PHILASTER

Ne crains-tu point la mort? Tous les enfants la craignent...

BELLARIO

Quels enfants souhaiteraient de devenir des hommes en voyant le meilleur d'entre les hommes se mettre ainsi en fureur sans raison?

PHILASTER

Mourir ! Sais-tu seulement ce que c'est que mourir ?

BELLARIO

Oui, je le sais... C'est moins que de naître ! Un sommeil qui se prolonge, un paisible repos à l'abri de toute jalousie, un but que tous nous poursuivons, la renonciation à une partie de jeu perdue d'avance !

PHILASTER

Mais des châtiments effroyables attendent les âmes parjures. Imagine-toi ces peines et tu me diras toute la vérité.

BELLARIO

Que tous les supplices m'accablent à la fois si jamais je me suis parjuré ou si j'ai seulement pensé au mal dont vous m'accusez ! Si je suis faux, envoyez-moi à ces peines infernales que vous évoquiez ; tuez-moi.

PHILASTER

Que faire ? Comment ne pas le croire ? Il jure de son innocence avec tant de passion que, s'il mentait, les dieux l'auraient déjà frappé. Relève-toi, Bellario, si poignantes sont tes protestations et tu sembles si sincère en les proférant que, quoique je les sache aussi fausses que l'étaient mes espérances, je ne puis te presser davantage. Mais ce fut bien mal à toi de me trahir, car il me faut chérir, malgré moi, ton apparence candide et épargner ta tendre jeunesse ! Quoi que tu fasses, mon affection pour toi est la plus forte. Je me repens d'avoir fait couler de tes joues ce sang qui leur sied si bien. Mais, mon enfant, que je ne te voie plus ! Il s'est passé quelque chose qui m'exaspérera, qui me rendra fou si je t'aperçois. Si tu m'affectionnes, retire-toi de mes yeux.

BELLARIO

Je fuirais au bout du monde plutôt que d'offusquer un être que je vénère. Mais à travers ces larmes que m'arrache une séparation sans espoir, j'entrevois un abîme de trahisons dirigées contre vous, contre elle et moi. Adieu pour toujours ! Si vous apprenez que le chagrin m'a emporté et si vous découvrez par la suite que je fus loyal, accordez une simple larme à ma mémoire et je reposerai en paix. (*Il sort.*)

PHILASTER

Quels que soient tes torts, ma bénédiction t'accompagne ! Oh, dans quel Léthé tremper mon corps ! Quel remède la nature offre-t-elle à mon âme bouleversée ! (*Il sort.*)

SCÈNE II

*L'appartement d'*Aréthuse.

ARÉTHUSE

Il m'étonne de ne point voir revenir le page. Si
je ne savais que mon amant est en train de l'inter-
roger sur toutes mes actions, sur mes rêves, mes
promenades, mes discours, le nombre de fois que
je prononçai son nom, et aussi les fois que j'ai
soupiré, pleuré ou chanté en songeant à lui, je
serais tentée de gronder le retardataire.

La précédente, le Roi.

LE ROI

Plongée dans vos méditations? Qui vous garde?

ARÉTHUSE

Mais moi-même. Je n'ai pas besoin de garde. Je
ne fais aucun mal et ne crains personne.

LE ROI

Dites-moi, n'avez-vous pas un page?

ARÉTHUSE

Oui, sire.

LE ROI

Quelle sorte de page ?

ARÉTHUSE

Mais un jeune garçon, à peine adolescent.

LE ROI

Un joli garçon ?

ARÉTHUSE

Il n'a pas mauvaise mine, à mon avis. Il est bien né et très soumis. Je l'ai engagé pour ses qualités et non pour son agréable figure.

LE ROI

Il parle bien ; il chante, il joue du luth ?

ARÉTHUSE

En effet, sire.

LE ROI

Il a dix-huit ans ?

ARÉTHUSE

Je ne lui ai jamais demandé son âge.

LE ROI

Fait-il de bon service ?

ARÉTHUSE

Pardonnez-moi, mais pourquoi cet interrogatoire?

LE ROI

Éloignez-le!

ARÉTHUSE

Mon père...

LE ROI

Chassez-le! Il vous a rendu un genre de service dont il me répugne de parler.

ARÉTHUSE

Mon bon seigneur, je ne vous comprends pas.

LE ROI

Si vous m'aimez, montrez-moi votre obéissance. Éloignez ce page.

ARÉTHUSE

Dites-moi vos raisons, sire, et votre volonté sera alors un commandement pour moi.

LE ROI

Ne rougissez-vous pas de me les demander? Rejetez-le, vous dis-je, ou je serai obligé d'en agir ainsi avec vous. Votre honte fait la mienne; vous me touchez de si près, vous vous confondez tellement avec moi-même, que je n'ose me raconter à moi-même ce que vous, moi-même, avez fait.

ARÉTHUSE

Qu'ai-je fait, seigneur?

LE ROI

Il s'agit d'une langue nouvelle que tous désirent apprendre. Les gens du commun la parlent déjà fort couramment. Ils n'ont besoin de grammaire. Comprenez-moi bien. Des bruits fâcheux courent sur votre compte. Répudiez ce page et au plus vite. Je l'ordonne. Adieu.

(Le Roi sort.)

ARÉTHUSE

Où les vierges pourront-elles vivre désormais en sécurité et garder leur honneur intact? Ce n'est certes pas auprès de leurs contemporains. Ils entretiennent et propagent l'erreur et le mensonge et en font des vérités; ils se nourrissent de diffamations et s'abreuvent de calomnies. Et lorsqu'ils avisent une vertu fortifiée, hors de la portée de leurs coups de langue, avec quelle fureur ils se lancent à l'assaut. Défaits, leur rage se retourne contre les monuments dans lesquels sommeillent de grands noms. Et le poison que distillent leurs âmes est si violent qu'en exsudant il fait fondre le marbre.

La précédente, Philaster.

PHILASTER

La paix soit avec vos plus intimes pensées, ma très chère maîtresse.

ARÉTHUSE

O mon bien-aimé, j'endure mille agonies.

PHILASTER

Quel être inhumain transforme en ces torrents le cristal de vos yeux? Tendre amie, la cause de ces larmes? Et aussi vrai que je suis votre esclave, votre créature, créée une seconde fois par votre bonté, doté d'une âme nouvelle, je vengerai votre honneur.

ARÉTHUSE

O mon cher seigneur, ce page!

PHILASTER

Quel page?

ARÉTHUSE

Le joli page que vous m'avez donné!

PHILASTER

Eh bien?

ARÉTHUSE

Ne peut plus demeurer avec moi.

PHILASTER

Pourquoi?

ARÉTHUSE

Ils sont jaloux de lui.

PHILASTER

Jaloux. Qui donc?

ARÉTHUSE

Tout le monde. Le roi lui-même.

PHILASTER

Vraiment. Alors ce n'est pas une jalousie déplacée. — Congédiez-le!

ARÉTHUSE

Comment, cruel? Vous aussi n'avez plus de cœur? Qui vous dira à présent combien je vous aimais? Qui vous jurera sans cesse ce profond amour et qui pleurera lui-même les larmes que je vous envoie? Qui vous portera désormais les lettres, les bagues, les bracelets? Qui usera sa santé à servir nos amours, passera des nuits entières à publier vos louanges et fera passer son âme aimante et désolée dans ses discours? Qui encore me bercera doucement aux sons mélodieux de son luth, jusqu'à ce que le sommeil descende sur mes paupières et qu'en mes rêves je m'écrie : « O mon cher, cher Philaster! »

PHILASTER

Pourquoi n'a-t-il brisé mon cœur, celui qui me fit connaître l'infidélité de cette femme! — Mon aimée, oublie ce page; je t'en procurerai un bien meilleur!

ARÉTHUSE

Jamais, jamais ne se retrouvera un page comme mon Bellario!

PHILASTER

C'est votre affection qui lui donne du prix!

ARÉTHUSE

Avec toi, mon page, adieu pour toujours à la discrétion des serviteurs! Adieu, fidélité! Adieu, désintéressement! Et que, pour te venger, tous les serviteurs qui viendront après toi vendent et trahissent le chaste amour!

PHILASTER

Toute cette exaltation pour un page!

ARÉTHUSE

C'était votre page et vous me l'aviez donné; sa
perte me fera prendre le deuil.

PHILASTER

O, femme sans foi!

ARÉTHUSE

Comment, seigneur!

PHILASTER

Perfide Aréthuse! Possèdes-tu un talisman pour
me rendre l'âme que tu m'as ravie? Sinon, tais-toi
et fais ainsi.

ARÉTHUSE

Quoi faire, seigneur? Dormir?

PHILASTER

Pour toujours, Aréthuse. O dieux, soutenez-
moi! Ai-je vécu si longtemps, seul et dénué,
exposé à tous les coups de la fortune contraire?
D'innombrables calamités m'ont-elles entouré
comme une mer houleuse? Me suis-je ri de la
mort; ai-je vécu en une intimité douloureuse avec
le danger? En suis-je réduit à languir sous le joug
d'un tyran, comme celui qui entend sonner son
propre glas et assiste vivant à ses funérailles? Ai-je

supporté tout cela, courageusement, pour tomber
enfin sous la trahison d'une femme? Oh, ce page,
ce maudit page! Il n'a servi qu'à assouvir votre
lubricité.

ARÉTHUSE

Non, c'en est fait de moi. Tout conspire à ma
perte. Malheureuse que je suis!

PHILASTER

Prenez à présent les droits que j'avais sur ce
royaume. Jouissez-en, car je ne pourrais jamais en
jouir. Je chercherai quelque endroit éloigné où
aucune femme ne mit le pied pour y essayer ses
poisons. Là je vivrai pour vous maudire. Je me
creuserai une caverne et redirai aux fauves et aux
oiseaux ce que représente la femme; le ciel qui
habite ses yeux, l'enfer qui possède son cœur. Ah,
toute la vertu qu'on vous prête est une ombre qui
vous accompagne le matin et qui disparaît le soir
sous vos pas, passée et oubliée! Vos serments sont
cette gelée d'une nuit qui se fond au premier
soleil. Adieu vous, toute ma peine et toutes mes
délices!

(PHILASTER *sort.*)

ARÉTHUSE

C'en est trop. Par pitié, mon Dieu, portez-moi
le coup de grâce! Ai-je mérité tout ceci?

La précédente, Bellario.

ARÉTHUSE

Oh, que ce page me paraît noir et coupable, à présent! Loin de moi, malheureux! Ton maître et toi vous pouvez vous repaître de la détresse d'une vierge affolée par son amour. Va-t'en. Si tu comprenais l'infamie à laquelle tu t'es prêté, tu te blottirais sous un monceau de collines de peur que les hommes creusent assez profondément la terre pour arriver jusqu'à toi.

BELLARIO

O, quelle divinité malfaisante a propagé cette étrange contagion parmi les plus nobles âmes! Madame, la peine que vous ajoutez à ma douleur ne représente que les gouttes d'eau répandues dans l'océan. Mon maître a transpercé mon cœur de sa colère et il y a éteint tout espoir de félicité future. Inutile de me chasser. J'étais venu pour prendre à jamais congé de vous. Adieu pour toujours! Il me répugnait de m'enfuir comme un serviteur infidèle. La providence vous assiste en vos épreuves! Puisse la vérité éclater bientôt aux yeux de votre noble amant, mon bien-aimé maître, et lui révéler toutes vos perfections, tandis que moi j'aurai gagné quelque recoin obscur pour y mourir.

(BELLARIO *sort*)

ARÉTHUSE

La paix t'accompagne! Tu m'as conquise et trahie une première fois. Et cependant, si j'avais à perdre une nouvelle Troie, tes regards ou ceux d'un autre fourbe suffiraient pour m'en faire sortir et m'envoyer nue, les cheveux défaits, à travers les rues embrasées.

La précédente, une Suivante.

LA SUIVANTE

Madame, le roi part pour la chasse et vous invite à l'accompagner.

ARÉTHUSE

Je ne suis vraiment d'humeur à chasser! Que ne puis-je rencontrer le sort d'Actéon; surprendre Diane au bain, me voir métamorphosée en cerf craintif, être poursuivie par une meute de chiens dévorants qui m'auraient bientôt mise en lambeaux!

Fin du troisième acte.

Acte quatrième.

SCÈNE Ire

Une forêt.

PHILASTER

Oh, que n'ai-je été nourri, au fond de cette forêt, de lait de chèvre et de glands, ignorant les prestiges d'une couronne et les charmes funestes de la femme! Mon habitation eût été une caverne où j'eusse réuni à la fois mon foyer, ma couche et mon troupeau. Je me serais accouplé avec quelque forte fille de la montagne, fouettée par les vents, austère comme les rochers, qui aurait jonché notre lit nuptial de mousse, de feuilles et de peaux de bêtes et qui aurait suspendu à ses puissantes mamelles ma saine et vorace progéniture. C'eût été là une vie exempte de tribulations.

Le précédent, Bellario.

PHILASTER... no

BELLARIO

Dire qu'un être innocent se trouve plus en sécurité parmi les fauves des bois que dans la féroce
communauté des hommes. Rien ne me persécute
ici Que vois-je, mon malheureux maître assis sur
ce tronc d'arbre, comme si l'âme cherchait à sortir
de son corps? — Pardonnez-moi d'enfreindre votre
dernier commandement et, si vous repoussez mes
services, accordez-moi du moins de quoi me pro-
téger du froid et apaiser ma faim !

PHILASTER

Toi, encore ! Va-t'en ! Cours vendre cette livrée
de honte que tu t'obstines à porter et nourris-toi de
ce qu'elle te rapportera.

BELLARIO

Hélas, Seigneur, on ne veut rien m'en donner.
Les simples paysans craignent de toucher à de si
riches habits...

PHILASTER

Bellario, je t'assure, c'est mal à toi de venir me
tourmenter par ta présence. Ne te flatte pas de
recommencer tes impostures. Tu pleurais ainsi,
tu présentais le même touchant visage, tu parlais

de la même voix affective lorsque je te recueillis la première fois! Maudite soit cette rencontre! Va, essaie sur d'autres l'effet de tes larmes de commande. Tout ce que je puis faire, c'est de ne pas les avertir. Dis-moi quel chemin tu vas prendre afin que je puisse t'éviter, car tes yeux empoisonnent les miens et je crains de me mettre en fureur. Celui-ci ou celui-là?

PHILASTER

N'importe lequel; tous me conduiront au proche tombeau.

(PHILASTER *et* BELLARIO *sortent chacun de leur côté.*)

Dion et deux Bûcherons.

DION

Holà, les bûcherons?

PREMIER BUCHERON

Seigneur.

DION

N'avez-vous pas vu passer par ici une dame montée sur un cheval noir tacheté de blanc?

SECOND BUCHERON

N'était-elle pas jeune et de taille élancée?

DION

Oui. A-t-elle pris la direction de la forêt ou de la plaine ?

SECOND BUCHERON

En vérité nous n'avons vu personne !

DION

La peste soit du maroufle ! Pourquoi cette question alors ?

(*Les* BUCHERONS *sortent.*)

Dion, Cleremont.

DION

Eh bien, l'a-t-on retrouvée ?

CLEREMONT

Non. Je doute même qu'on la retrouve.

DION

Que ne cherche-t-il sa fille lui-même. Elle ne peut s'écarter un instant de lui sans qu'il envoie toute la cour à ses trousses.

CLEREMONT

Mille rumeurs circulent déjà sur cette éclipse.

Les uns prétendent que son cheval s'est emporté;
d'autres qu'un loup l'a poursuivie et dévorée;
d'autres encore qu'on a tramé un complot contre
ses jours et que des hommes armés ont été vus
dans la forêt. Mais, à mon avis, elle s'est volontairement éloignée du gros de la chasse.

Les précédents, le Roi, Thrasiline.

LE ROI

Où est-elle?

CLEREMONT

Je ne sais vous le dire, Majesté.

LE ROI

Comment? Répétez ces paroles.

CLEREMONT

En disant le contraire, je mentirais.

LE ROI

Eh bien, mentez et soyez plutôt damné que de
me laisser dans le doute. Je vous demande de
nouveau : Où est-elle? Ne balbutiez pas. — Vous,
Monsieur, parlez, où est elle?

DION

Sire, je n'en sais rien...

LE ROI

Répète ces paroles, téméraire, et par le ciel ton dernier jour est venu. — Vous autres, répondez-moi : Où est-elle? Attention, je suis votre roi, je désire voir ma fille; montrez-la-moi, je vous l'ordonne à tous, vous êtes mes sujets, obéissez! Quoi! Ne suis-je pas votre roi! Eh bien, j'attends!

DION

Commandez des choses possibles et honnêtes!

LE ROI

Des choses possibles et honnêtes! Le traître qui prétend borner la volonté du roi à des choses possibles et honnêtes! Montrez-la-moi ou je veux périr si je ne couvre pas de sang la Sicile tout entière!

DION

Je ne puis vous la montrer à moins que vous ne me disiez vous-mème où elle se cache.

LE ROI

Trahison! Vous m'avez ravi le joyau de ma vie! Rapportez-la-moi, ici! Le roi le veut. Le roi qui peut apaiser les vents, rasséréner le ciel, faire reculer les vagues de la mer et arrèter les tempêtes! Dites, ne le peut-il pas?

DION

Non!

LE ROI

Non! Le souffle du roi n'a-t-il pas ce pouvoir?

DION

Non! Le roi ne peut même changer en parfum son souffle corrompu par la maladie de ses poumons.

LE ROI

Ah, tu crois cela? Prends garde!

DION

Prenez garde vous-même, Majesté, de tenter les puissances dont émane la suprême justice.

Les précédents, Pharamond, Galathéa, Mégra.

LE ROI

L'a-t-on retrouvée?

PHARAMOND

Non, nous avons arrêté son cheval, qui galopait seul à l'aventure. Il y a quelque trahison là-dessous. Galathéa, vous chevauchiez avec elle, à la tête. Pourquoi l'avez-vous quittée?

GALATHÉA

Elle me l'ordonna.

LE ROI

Elle vous l'ordonna ! Il ne fallait pas l'écouter.

GALATHÉA

Je me serais bien gardée de désobéir à la fille de
mon roi.

LE ROI

Tous vous vous entendez à nous obéir avec zèle
pour notre malheur. Mais je l'aurai.

PHARAMOND

Si je ne la retrouve, il n'y aura plus de Sicile.

LION

A l'entendre il emporterait la Sicile en Espagne,
dans sa poche !

LE ROI

Allons, dispersons-nous ; battons tous les recoins
de la forêt. Je ferai un grand personnage de celui
qui la retrouvera, ou, si elle a péri, de celui qui me
livrera le régicide. Moi je prends par ici.

DION

Et nous par là.

(*Ils s'éloignent.*)

SCÈNE III

ARÉTHUSE

Où suis-je à présent? J'ai fouetté mon cheval jusqu'à ce qu'il m'a désarçonnée et lancée dans un ravin. La mort n'a pas encore voulu de moi ! Mes pieds me conduiront au hasard, sans prendre conseil de ma tête égarée ; je traverserai des fourrés, j'escaladerai des montagnes, je franchirai des fossés et des torrents, et je finirai bien par atteindre le port de délivrance, la mort. Ah ! quelle subite défaillance...

Aréthuse, Bellario.

BELLARIO

Voilà ma maîtresse. Ne souhaitant plus de vivre, je n'ai besoin de rien ; toutefois, je veux éprouver sa charité. — O, vous qui prospérez dans l'abondance ! Accordez quelques gouttes de cette source généreuse à une terre aride et misérable ! — Mais le sang reflue de ses joues à son cœur ! Je crains qu'elle ne s'évanouisse. Madame, ouvrez les yeux !

Elle ne respire plus. Écartez encore une fois vos lèvres, ces roses jumelles, et chargez-moi d'un adieu suprême pour notre maître. Oh, elle a fait un mouvement. — Comment vous trouvez-vous, madame? Revenez à vous.

ARÉTHUSE

Le ciel a eu tort de me mettre au monde; celui qui s'obstine à m'y retenir est plus cruel encore. Je vous en supplie, laissez-moi; je n'ai que faire de vos soins; je me porte très bien.

Les précédents, Philaster.

PHILASTER

Pourquoi me suis-je mis dans une telle rage! Je lui dirai froidement où et quand j'entendis cette atroce vérité. Je serai calme en parlant et j'essaierai de l'écouter. Oh, l'idée monstrueuse! Ne me tentez pas, justes dieux! Dieux de bonté! Ne tentez pas un faible mortel!

BELLARIO

Seigneur, secourez la princesse!

ARÉTHUSE

Gardez-vous-en bien... Je me trouve on ne peut mieux.

PHILASTER

Quoi, vous ici, toujours vous! Malédiction!

ARÉTHUSE

Cher Philaster, cesse de me maudire et écoute-moi.

PHILASTER

Chère Aréthuse, fouille ma poitrine au moyen de cette épée jusqu'à ce que tu aies rencontré mon cœur. Tu verras alors combien ce cœur est devenu sage. Alors, toi, et cet enfant, ton page, vous pourrez vivre et régner, sans obstacle ni à votre luxure ni à vos ambitions. Dis, Bellario, ne veux-tu pas me tuer? Je t'en prie. Tu es jeune et, par conséquent, capable de nourrir des pensées de fortune et de pouvoir. Moi mort, la voie des grandeurs s'ouvre toute large devant toi. Suis-je furieux, à présent? Si j'étais fou, je désirerais vivre. Alors, vous ne voulez pas me tuer?

ARÉTHUSE

Te tuer!

BELLARIO

Pas pour un empire.

PHILASTER

Je ne te blâme plus, Bellario, tu n'as fait que ce

que les dieux eussent fait à ta place, ils se seraient même métamorphosés pour posséder une créature si belle ! Mais retire-toi sans réplique et que celle-ci soit notre dernière rencontre... (BELLARIO *se retire.*) Tue-moi au moyen de cette épée. Il faut t'y résoudre. Nous sommes trop de deux sur la terre. Tue-moi ou je te tue.

ARÉTHUSE

Va, je mourrai avec joie de ta main. Mais dis-moi d'abord, il n'y aura pas de calomniateurs et de jaloux dans l'autre monde ?

PHILASTER

Non.

ARÉTHUSE

Alors, montre-moi la route.

PHILASTER

(*Il dégaine.*) Et vous, Dieux, guidez ma main, car je dois accomplir un acte de justice. Si ta jeunesse a offensé le ciel, réconcilie-toi avec lui par une prière rapide et efficace.

ARÉTHUSE

Je suis prête.

Les précédents, un Paysan.

LE PAYSAN

Je veux absolument voir le roi. Il chasse dans la forêt. Je le cherche depuis deux heures. Si je rentrais à présent sans l'avoir vu, mes sœurs riraient bien de moi !

PHILASTER

As-tu fait la paix avec le ciel et la terre ?

ARÉTHUSE

Avec le ciel et la terre.

PHILASTER

Puissent-ils se partager ton corps et ton âme !
(*Il blesse* ARÉTHUSE.)

LE PAYSAN

Arrête, misérable ! Frapper une femme ? Tu es un lâche ou un fou !

PHILASTER

Passe ton chemin, brave homme.

ARÉTHUSE

Qui es-tu pour intervenir dans nos divertissements ?

UN PAYSAN

Dieu me damne si je vous comprends. Ce que
je sais, c'est que ce malandrin vous a blessée.

PHILASTER

Mêle-toi de tes affaires. Il me répugnerait de
faire retomber trop de sang sur ma tête !

LE PAYSAN

Je ne puis lutter en paroles avec vous ; mais
touchez encore à cette femme et vous aurez affaire
à moi.

(Ils se battent.)

PHILASTER

Tiens, brute, voici pour ton salaire.

(Il le blesse.)

ARÉTHUSE

Dieu protège mon seigneur !

LE PAYSAN

Voici plutôt pour te mettre à la raison.

(Il blesse PHILASTER.*)*

PHILASTER

J'entends des pas. Je suis blessé. Le ciel a pris

parti contre moi. Sinon, comment ce lourdaud eût-il pu m'atteindre ?

(Il s'éloigne.)

LE PAYSAN

Je ne puis courir après ce bandit. Je t'en prie, la donzelle, embrasse-moi à présent pour ma peine.

Les précédents, Pharamond, Dion, Cleremont, Thrasiline et Bûcherons

PHARAMOND

Qui es-tu ?

LE PAYSAN

Quelqu'un qui s'est fait tuer à moitié pour les beaux yeux d'une inconnue. Un sacripant l'a blessée !

PHARAMOND

La princesse ! Où est la blessure, madame ? Est-elle grave ?

ARÉTHUSE

Il ne m'a pas blessée.

LE PAYSAN

Elle ment, ne lui en déplaise ; il l'a blessée à la poitrine. Voyez plutôt.

PHARAMOND

Et son sang précieux continue à s'échapper de
la blessure...

DION

Cela dépasse l'imagination! Qui oserait attenter
pareil forfait?

ARÉTHUSE

Je n'ai rien vu ou senti.

PHARAMOND

Parle, manant, qui a frappé la princesse?

LE PAYSAN

Est-ce là notre princesse?

DION

Oui.

LE PAYSAN

Alors j'aurai pourtant vu quelque chose.

DION

Réponds. Qui l'a frappée?

LE PAYSAN

Je vous l'ai déjà dit, un bandit; je ne l'ai jamais
vu auparavant.

PHARAMOND

Madame, qui vous a attaquée?

ARÉTHUSE

Quelque misérable! Hélas! je ne le connais pas
et je lui pardonne.

LE PAYSAN

Il est blessé aussi et n'a pu aller loin.

PHARAMOND

De quelle façon voulez-vous que je l'expédie?

ARÉTHUSE

D'aucune façon! C'est quelque pauvre luna-
tique.

PHARAMOND

Je le couperai en quartiers gros comme des noix
et je vous l'apporterai dans mon chapeau.

ARÉTHUSE

N'en faites rien, cher seigneur. Dépêchez-vous
de me l'amener vivant et je songerai à lui infliger
un châtiment digne de sa faute.

PHARAMOND

C'est entendu.

ARÉTHUSE

Jurez donc de me le livrer vivant.

PHARAMOND

Je le jure par mon amour. — Bûcherons, conduisez la princesse auprès de son père, et prenez soin aussi de cet homme blessé. — Venez, Messieurs, rejoignons la chasse...

LE PAYSAN

Je verrai donc le roi !

PHARAMOND

Oui, et si tu as dit vrai, il te récompensera richement.

(Tous sortent.)

SCÈNE IV

BELLARIO (*gisant sur la mousse*).

Un poids semblable au fardeau de la mort pèse sur mon front et me contraint à dormir. Que je voudrais ne jamais plus me réveiller ! (*Il s'endort.*)

Le précédent, Philaster.

PHILASTER

J'ai mal agi ; ma conscience me réprouve. La

frapper elle, qui ne voulait pas me frapper! Tandis que je me battais, il m'a semblé qu'elle implorait le ciel pour moi. N'a-t-elle pu céder à une séduction passagère? Serais-je un vil gredin! Si elle m'aime elle ne dira point qui l'a blessée. Ce paysan qui m'a atteint est blessé aussi et ne peut me rejoindre. Au surplus il ne me connaît point. — Que vois-je? Bellario endormi? Enfant coupable, il n'est pas juste que ton sommeil soit si profond; et le mien, à moi que tu as offensé, si léger. (*On entend des appels et des cris de ralliement.*) Alerte! Je suis poursuivi. Allons, je profiterai de ce moyen de salut en infligeant à ce maudit page une blessure analogue à la mienne. (*Il blesse le page.*)

BELLARIO (*se réveillant*).

Est-ce toi, mort libératrice? Benie soit la main qui me délivre. Encore, pour l'amour du ciel. (*Il retombe.*)

PHILASTER

Je me suis touché moi-même. Je ne pourrai plus m'échapper. (*Il tombe.*) Voici celui qui t'a frappé. Allons, venge-toi. Traite-moi comme je voulais te traiter.

BELLARIO

Fuyez, fuyez, ô maître, et sauvez-vous.

PHILASTER

Que signifie ceci? Tu t'inquiètes de mon salut?

BELLARIO

Sinon la vie me serait odieuse. Les égratignures que j'ai reçues n'ont pas saigné beaucoup; tendez-moi cette noble main pour que j'aide à vous cacher.

PHILASTER

M'es-tu fidèle?

BELLARIO

Vous en doutez encore! Venez, mon bon maître, blottissez-vous dans ces buissons.

PHILASTER

O je commence à me faire horreur! Et toi-même?

BELLARIO

Ne vous occupez pas de moi. Je me tirerai d'affaire. Silence! Ils viennent.

> (Philaster *se dissimule dans les buissons.*)

Les précédents, Pharamond, Dion, Cleremont, Thrasiline.

PHARAMOND

Son sang nous a fourni une piste jusqu'à cet endroit.

CLEREMONT

Regardez là, Seigneur, quelqu'un qui cherche à
s'esquiver...

DION

Arrêtez! Qui êtes-vous?

BELLARIO

Une misérable créature attaquée dans cette forêt
par des loups. Secourez-moi si vous êtes des
hommes, ou je succombe...

DION

C'est lui, seigneur, qui aura blessé la princesse.
Je jurerais que c'est lui, le page, ce méchant page
qui la servait.

PHARAMOND

Réponds, rebut de la création! Quel mobile a pu
te pousser à ce crime?

BELLARIO

Je suis trahi!

PHARAMOND

Trahi! Non, mais arrêté comme régicide.

BELLARIO

Je confesse tout. Par charité, expédiez-moi au plus vite...

PHARAMOND

Je saurai d'abord qui t'a instigué à commettre ce forfait?

BELLARIO

Personne, sinon le désir de me venger.

PHARAMOND

Te venger? Et de quoi?

BELLARIO

Encouragé par ses bontés, j'osai lever les yeux jusqu'à elle. Elle me renvoya pour me punir de mon téméraire hommage. Jaloux de sa faveur et de sa personne, rendu à la misère qui avait été mon lot avant de rencontrer ma généreuse protectrice, je résolus de me venger. Si elle ne voulait être à moi, elle ne serait du moins à personne. Et c'est pourquoi je l'ai frappée!

PHARAMOND

En voilà assez pour te vouer à la mort. La torture t'arrachera sans doute d'autres aveux. En attendant, qu'on le mène en lieu sûr.

PHILASTER (*sortant de sa cachette, en se traînant*).

Arrêtez, arrêtez. Ne touchez pas à cet enfant, c'est moi qui blessai la princesse. Ah, vous ne savez pas quel trésor vous secouez si rudement.

PHARAMOND

D'où sort celui-ci ?

DION

Ciel ! Le prince Philaster !

PHARAMOND

Que veut-il dire ?

BELLARIO

Ne croyez pas ce désespéré, lassé de la vie et trop friand des secours de vos bourreaux. Qu'attendez-vous encore ? Je vous le répète : moi seul suis coupable. C'est à moi que revient la mort... Marchons !

PHILASTER

Renonce à ces efforts inutiles, Bellario.

BELLARIO

Hélas, il est fou ! Allons, conduisez-moi.

PHILASTER

Par les serments les plus redoutables, cet enfant n'a pas touché la princesse. Prends garde, Bellario, de noyer toutes tes vertus dans un parjure! Messieurs, je vous jure que je fis le coup. Aréthuse n'est-elle pas la fille et l'héritière de l'usurpateur? Mon intérêt ne me commande-t-il pas de la supprimer?

PHARAMOND

Tu viens de prononcer ta sentence de mort !

CLEREMONT

Philaster est coupable.

DION

O le sublime petit page! Je crains bien que nous nous soyons terriblement trompés.

PHILASTER

N'ai-je plus un ami ici?

DION

Oui.

PHILASTER

Alors prouvez-moi votre affection en me rapprochant de cet enfant! Permettez que je me suspende à son cou afin que mon dernier soupir s'exhale dans son haleine! Ni la fortune de Plutus ni tout l'or contenu dans les entrailles de la terre ne valent ce trésor que j'embrasse! O vous, êtres au cœur dur, plus pierreux que ces montagnes, pouvez-vous voir couler un sang si pur, sans tailler dans votre propre chair pour boucher ses blessures? Pour panser ses plaies, les reines devraient s'arracher les cheveux et les baigner de leurs larmes. O! pardonne-moi, toi qui représentes toute la fortune du pauvre Philaster.

Les précédents, le Roi, Aréthuse, un Garde.

LE ROI

Le scélérat est-il pris?

PHARAMOND

Sire, en voilà deux qui confessent l'attentat. Philaster, vous persistez dans vos déclarations?...

PHILASTER

Ne doutez plus. Personne d'autre que moi n'a frappé la victime.

LE ROI

On les confrontera avec ce paysan qui a été blessé par le coupable.

ARÉTHUSE

Malheur! Il reconnaîtra Philaster!

LE ROI

Mais vous, ma fille, ne reconnaissez-vous pas
votre meurtrier en Philaster?

ARÉTHUSE

Si c'est lui ce malheureux, il avait dû se déguiser.

PHILASTER

Je m'étais déguisé, en effet! Qu'il me tarde de
mourir!

LE ROI

Vil ambitieux! Tu as creusé ta propre fosse.
Qu'on le mène en prison.

ARÉTHUSE

Sire, ils conspirèrent ensemble contre ma frêle
existence. Accordez-moi d'être leur geôlière et de
désigner moi-même les tortures à leur faire subir
et le genre de trépas auquel ils seront livrés.

DION

Tout doux! D'après nos lois, la tentative crimi-
nelle n'entraîne pas la peine de mort.

LE ROI

Je souscris à votre demande, ma fille. Emmenez-les sous bonne garde. — Venez, prince, pour hâter les préparatifs de votre hymen.

CLEREMONT

Pourvu que cet acte désespéré ne nuise pas à Philaster dans le cœur du peuple.

DION

Rassurez-vous; ils croiront — tant cet attentat paraît invraisemblable — à une invention de ses ennemis et du roi, décidés à faire mourir un prétendant qui les gêne.

Fin du quatrième acte.

Acte cinquième.

SCÈNE Ire

Une prison.

Philaster, Aréthuse, Bellario.

ARÉTHUSE

Non, cher Philaster, cesse de te désoler; nous sommes on ne peut mieux ici...

BELLARIO

Elle a raison, seigneur, ne vous tourmentez plus à notre sujet; jamais nous ne nous sommes mieux trouvés.

PHILASTER

Oh Aréthuse! oh Bellario! cessez d'être bons à ce point... Si vous continuez à me traiter ainsi, je serai exclu du ciel pour avoir rencontré les anges ici-bas ! Je suis un misérable traître envers les deux créatures les plus loyales que jamais la terre a portées... Aussi refusera-t-elle de me porter plus longtemps... Pardonnez-moi, adieu... Le roi m'appelle pour me conduire à la mort ; guidez mes pas jusqu'à l'échafaud ; puis oubliez-moi... Quant à toi, mon garçon, pour établir ton innocence, je trouverai de ces mots qui attendrissent le cœur des tigres !

BELLARIO

Hélas, seigneur, ma vie n'est pas chose digne de vos nobles pensées. Ce n'est pas une vie que la mienne, c'est tout au plus un lambeau d'enfance à restituer au néant. En vous survivant, je survivrais à la vertu et à l'honneur. Au jour fatal qui vous enlèverait, je fermerais les yeux pour ne plus les rouvrir.

ARÉTHUSE

Et moi aussi, la plus infortunée des amantes, forcée de conduire moi-même le bien-aimé à la mort, je ne compterai plus une heure après cette séparation.

PHILASTER

Tu me rendras odieux au peuple, moi qui te ravis à leur amour...

ARÉTHUSE

Sortons tous trois de cette prison, l'âme joyeuse
pour mourir ensemble...

PHILASTER

Le peuple dispersera mes ossements s'il apprend
que tu fus fidèle à un misérable tel que moi...

ARÉTHUSE

Ne parlez pas ainsi, seigneur.

PHILASTER

Qu'auriez-vous fait si vous m'aviez gravement
manqué?

BELLARIO

Mais nous sommes innocents, seigneur.

PHILASTER

Soit, mais en supposant que vous ayez été cou-
pables?

BELLARIO

Nous vous aurions demandé pardon.

PHILASTER

Et vous vous seriez flatté d'obtenir ce pardon?

BELLARIO

Oui, certes...

PHILASTER

C'est bien là votre conviction?

BELLARIO

Notre plus ferme conviction.

PHILASTER

Alors, pardonnez-moi.

ARÉTHUSE

De cette façon.

(Elle l'embrasse.)
(BELLARIO lui baise les mains.)

BELLARIO

A présent nous sommes absous.

PHILASTER

Marchons donc à la mort !

(Ils sortent.)

SCÈNE II

La salle d'audience du Palais.

Le Roi, Dion, Cleremont, Thrasiline.

LE ROI

Quelqu'un de vous a-t-il vu le prince ?

CLEREMONT

Il parcourt la ville avec quelques seigneurs de sa suite sous prétexte d'inspecter l'échafaud qui se dresse sur la place pour Philaster, vis-à-vis de l'estrade érigée pour le mariage de votre fille.

LE ROI

La princesse s'est-elle décidée à conduire son prisonnier au supplice.

THRASILINE

Elle attend le bon plaisir de Votre Majesté.

LE ROI

Qu'on la fasse entrer.

DION (*à part*).

Ne jubile pas encore, ô roi !

Les précédents, Philaster, Aréthuse, Bellario (*une guirlande à la main*).

LE ROI

Eh bien, que signifie cette mascarade?

BELLARIO

Très noble roi, si mon inspiration ne s'était tarie avec ma félicité, je vous aurais chanté un épithalame en l'honneur de ces deux amants. A défaut d'une harpe céleste pour célébrer cette union bénie, je me borne à vous la raconter en une simple fable. Ces deux branches sont les plus nobles et les plus puissantes dont se glorifiaient les cèdres de la montagne. Aux fauves elles offraient un abri contre les étoiles glaciales, les éclats de la foudre, et les nuages diluviens qui se dégorgent en des milliers de cataractes. A leur ombre régnaient le calme et le silence lorsque, pour séparer ces branches tutélaires, la contrariante Fortune suscita des végétations parasites qui régnèrent longtemps sur la montagne et masquèrent sa beauté sous les ronces, les épines et les chardons. Mais un jour le soleil les dévora jusqu'à la racine. Et à présent un souffle prospère a réuni et accouplé ces branches jumelles pour ne plus les séparer. Le Dieu, qui répand ses harmonies sacrées au-dessus des alcoves nuptiales, a joint leurs nobles cœurs. Et tous deux, puissant roi, ne sont autres que vos enfants. J'ai dit.

LE ROI

Que me cornez-vous là ?

ARÉTHUSE

Rien que la vérité. En dépit de tous les obstacles suscités par l'envie et l'injustice, le prisonnier que vous m'aviez donné à garder est devenu mon gardien, mon cher époux.

LE ROI

Votre cher époux ! Qu'on mande le capitaine de la citadelle ! C'est là que vous célébrerez vos épousailles. Je vous y ménage une fête où l'hymen, après avoir échangé sa tunique d'or contre un suaire sanglant, entonnera de lugubres requiem pour accompagner les adieux de vos âmes. Le sang éteindra vos torches d'hyménée ; et au-dessus de vos gorges, au lieu de fleurs éclatantes, je suspendrai une hache comme un mystérieux météore prêt à moissonner vos amoureuses floraisons. A partir d'aujourd'hui je répudie cette fille infâme et n'éprouve plus d'autres sentiments pour elle que l'esprit de vengeance du lion auquel on a dérobé ses petits ou qu'on a prostitué parmi les chiens !

ARÉTHUSE

Mon père, je jure par le peu instants qu'il me reste encore à vivre, que rien ne pourrait me détourner de mon amour. Ce que j'ai fait, je le recommencerais, orgueilleuse de cette prétendue faute et la mort ne serait un épouvantail pour moi que si Pharamond était mon bourreau !

DION

O la brave, la superbe fille ! Que nous avons été injustes !

PHILASTER

Un seul mot, ô roi. Rappelle-toi mon père. Je te pardonne ton usurpation ; je te pardonne ma mort et même la mort de mon père, si tu consens à épargner ta fille dont les vertus effacent tes crimes et justifient presque ta présence sur un trône qui sera son héritage. Quant à moi, j'ai langui si long-temps après cette heure radieuse ; j'ai tellement langui sous votre joug que ce m'est une joie et un délice de mourir !

Les précédents, un Messager.

LE MESSAGER

Le roi ! Où est le roi ?

LE ROI

Me voici...

LE MESSAGER

Sire, le peuple de la ville a fait prisonnier le prince Pharamond et réclame à grands cris le seigneur Philaster. Les rebelles s'avancent même vers le palais pour délivrer leur favori.

LE ROI

Le délivrer! Conduisez-les tous trois à la citadelle, tandis que je mettrai ces mutins à la raison!... Qu'on fasse sonner l'alarme et rassembler toutes les troupes.

(*On emmène* ARÉTHUSE, PHILASTER *et* BELLARIO.)

CLEREMONT

Nos affaires tournent à merveille.

DION

Et ce mariage même couronne nos projets! Hélas! Combien nous nous sommes mépris sur le caractère de cette admirable fille. La peste soit de mon erreur! Aussi mérité-je qu'on me batte! Voyons, tapez sur moi et je vous battrai ensuite, car nous fûmes tous trois aussi aveugles et injustes l'un que l'autre.

CLEREMONT

Ce serait du temps perdu. Commençons par renverser le tyran. Ecoutez! Ces gaillards nous laisseront peu de chose à faire!

(*Huées. Tumulte. Rumeurs prolongées au dehors.*)

LE ROI (*rentre éperdu*).

L'enfer confonde cette canaille! C'est qu'ils sont des milliers qui se démènent comme des diables! Pas moyen de leur faire entendre raison! Il leur faut Philaster! Il le leur faut à tout prix! Oh! courrez, l'un de vous, jusqu'à la citadelle, délivrez le seigneur Philaster, adjurez-le de me pardonner, traitez-le avec courtoisie, donnez-lui son titre de prince... De grâce, qu'il nous délivre de ces enragés! Vite! vite! ou je suis perdu! Un instant encore. Dis-lui que je lui pardonne, que je souscris à son mariage, que j'abdiquerai même en sa faveur!

(*Le tumulte grandit. Le* Roi, Dion *et* Thrasiline *regardent par la fenétre.*)

(*Le peuple, au dehors, cesse subitement de vociférer et les cris : « A mort! A mort! A bas le roi! A mort Pharamond! Il nous faut le prince! Il nous faut Philaster! » se changent tout à coup en acclamations, en cris de : «Vive Philaster!»*)

LE ROI

Voyez. Quel changement! Un dieu n'opérerait point un plus grand miracle! (*Silence.*) Voyez! Il leur fait signe, il leur parle!... Ils lui amènent le prince d'Espagne!... (*Acclamations, vivats.*) Il marche avec lui vers le palais...

Les précédents, Philaster, Pharamond.

LE ROI

Soyez le bienvenu, mon gendre, mon fils! Pardonne-moi tout le mal que je t'ai fait. A toi soit ma fille, à toi soit mon royaume!

PHILASTER

Sire, j'ai déjà tout oublié... Quant à vous, prince, maintenant que je vous ai sauvé la vie, je vous engage à regagner au plus tôt l'Espagne; au besoin, vous pourrez vous faire accompagner d'une dame dont vous avez apprécié depuis longtemps les mérites...

MÉGRA

Oui, je m'embarque volontiers avec le prince, à condition que sur notre navire prennent place la princesse et son page, car eux aussi ont échangé des gages d'une voluptueuse ivresse, car elle a été possédée par le page Bellario comme je me suis donnée au prince Pharamond.

LE ROI (*apercevant* ARÉTHUSE *qui vient de rentrer*).

Que dit-elle! Ah fille indigne!

CLÉON

Malédiction sur moi !

PHILASTER

N'importe. Jamais je n'ai cessé d'aimer la princesse... Eût-elle été cent fois coupable que le souvenir de ses fautes ne parviendrait à diminuer l'ardeur de mon amour... Je lui ai pardonné et je l'aime tellement que je lui pardonne encore...

ARÉTHUSE

Mon bien-aimé seigneur...
(Elle se jette dans ses bras en sanglotant.)

BELLARIO *(entre en costume de femme)*

Et tu n'as rien à lui pardonner, Philaster... J'aurais donné la vie pour ton bonheur ; je pousserai l'amour jusqu'à me parjurer pour toi ; car le secret que je vais révéler, ce secret j'avais fait vœu de le taire à jamais...

Écoutez tous ! Et toi surtout, Philaster, écoute-moi !... Je ne suis point celui que vous croyez ; je ne suis point Bellario, je suis Euphrasie, la fille du seigneur Dion, ton principal partisan, Philaster, Euphrasie, qu'on croyait morte en pèlerinage...

DION

Ma fille ! *(Il se jette aux genoux de* PHILASTER *et* d'ARÉTHUSE.) O pitié !

PHILASTER

Relève-toi. Tu ne péchas que par un excès de zèle... Mais cette femme...

(D'un geste le ROI *livre* MÉGRA *à ses gardes*)

BELLARIO

Mon père me parlait souvent de votre valeur et de vos vertus ; aussi, plus je grandissais, plus je souhaitais avidement, oui, avec une sorte de soif, de rencontrer un jour ce mortel tant exalté au-dessus de ses semblables.

Une fois que j'étais assise à ma fenêtre, travaillant à un ouvrage de broderie, je crus voir un dieu franchir le seuil de la porte d'honneur. Tout mon sang afflua vers ma peau pour refluer ensuite à mon cœur, comme s'il avait suivi le mouvement de ma respiration... On m'appela en hâte pour vous entretenir ; jamais homme soulevé tout d'un coup d'une hutte de berger jusqu'au trône ne se trouva si grand dans ses pensées que moi... Vous laissâtes alors un baiser sur ces lèvres qui maintenant ne toucheront plus jamais les vôtres... Je vous entendis parler. Votre voix était bien au-dessus d'un chant... Après que vous fûtes parti, je rentrai dans mon cœur et cherchai ce qui le troublait ainsi ; hélas, je trouvai que c'était l'amour ! Non pas l'amour des sens. Si seulement j'avais pu vivre en votre présence, j'aurais eu tout mon désir !...

Voilà pourquoi je trompai mon noble père, je prétextai un pèlerinage et vêtis des habits de garçon. Me sachant d'une naissance trop peu illustre pour vous, je n'entretenais aucun espoir de vous appartenir un jour et persuadée aussi que mon sexe m'empêcherait de demeurer auprès de vous, je fis serment de déguiser à jamais ma véritable personne, afin de pouvoir vivre toujours à vos côtés !... Et c'est alors que je me tins près de la fontaine où vous me vîtes, sans vous rappeler la jeune fille que vous aviez saluée chez son père !... Et à présent tout mon désir serait de vous servir tous deux, vous et votre chère épouse...

(Mouvement, longue pause.)

ARÉTHUSE (*prend* Bellario *par la main*).

Eh bien, viens, vis avec moi, vis aussi librement que moi-même. Celle qui aime mon seigneur, maudite soit l'épouse qui voudrait la haïr !

FIN

Des presses de Madame Veuve Monnom
32, rue de l'Industrie.